Susanne Braun

Versicherungen für Selbständige, Freiberufler und Existenzgründer

Susanne Braun

Versicherungen für Selbständige, Freiberufler und Existenzgründer

Ratgeber über private und berufliche Versicherungen für Selbständige und Existenzgründer

Bloggingbooks

Impressum/Imprint (nur für Deutschland/only for Germany)
Bibliografische Information der Deutschen Nationalbibliothek: Die Deutsche Nationalbibliothek verzeichnet diese Publikation in der Deutschen Nationalbibliografie; detaillierte bibliografische Daten sind im Internet über http://dnb.d-nb.de abrufbar.
Alle in diesem Buch genannten Marken und Produktnamen unterliegen warenzeichen-, marken- oder patentrechtlichem Schutz bzw. sind Warenzeichen oder eingetragene Warenzeichen der jeweiligen Inhaber. Die Wiedergabe von Marken, Produktnamen, Gebrauchsnamen, Handelsnamen, Warenbezeichnungen u.s.w. in diesem Werk berechtigt auch ohne besondere Kennzeichnung nicht zu der Annahme, dass solche Namen im Sinne der Warenzeichen- und Markenschutzgesetzgebung als frei zu betrachten wären und daher von jedermann benutzt werden dürften.

Coverbild: www.ingimage.com

Verlag: Bloggingbooks ist ein Imprint der
Südwestdeutscher Verlag für Hochschulschriften GmbH & Co. KG
Heinrich-Böcking-Str. 6-8, 66121 Saarbrücken, Deutschland
Telefon +49 681 37 20 271-1, Telefax +49 681 37 20 271-0
Email: info@bloggingbooks.de

Herstellung in Deutschland (siehe letzte Seite)
ISBN: 978-3-8417-7044-8

Imprint (only for USA, GB)
Bibliographic information published by the Deutsche Nationalbibliothek: The Deutsche Nationalbibliothek lists this publication in the Deutsche Nationalbibliografie; detailed bibliographic data are available in the Internet at http://dnb.d-nb.de.
Any brand names and product names mentioned in this book are subject to trademark, brand or patent protection and are trademarks or registered trademarks of their respective holders. The use of brand names, product names, common names, trade names, product descriptions etc. even without a particular marking in this works is in no way to be construed to mean that such names may be regarded as unrestricted in respect of trademark and brand protection legislation and could thus be used by anyone.

Cover image: www.ingimage.com

Publisher: Bloggingbooks
is an imprint of the publishing house
Südwestdeutscher Verlag für Hochschulschriften GmbH & Co. KG
Heinrich-Böcking-Str. 6-8, 66121 Saarbrücken, Deutschland
Phone +49 681 37 20 271-1, Fax +49 681 37 20 271-0
Email: info@bloggingbooks.de

Printed in the U.S.A.
Printed in the U.K. by (see last page)
ISBN: 978-3-8417-7044-8

Inhaltsverzeichnis

Vorwort

Die Idee zu einem Blog mit dem Themenschwerpunkt „Versicherungen für Selbständige, Freiberufler und Existenzgründer“ kam mir durch meine eigene Selbständigkeit und mit der Beschäftigung mit notwendigen und weniger notwendigen Versicherungen, um mich gegen die schlimmsten Eventualitäten privater und beruflicher Art abzusichern.

Das Versicherungsthema ist sehr komplex, da Selbständige nicht nur im privaten Bereich auf einen guten Versicherungsschutz achten müssen, sondern auch je nach ihrer beruflichen Tätigkeit und den damit verbundenen Risiken entsprechende Absicherungen ergreifen müssen, wollen sie nicht allzu leichtfertig ihre geschäftliche Existenz aufs Spiel setzen.

Außerdem verändert sich der Versicherungsanspruch von vielen im Laufe der selbständigen Tätigkeit. Da Selbständige in der Phase der Existenzgründung in den allermeisten Fällen noch nicht über die finanziellen Mittel verfügen, sich einen möglichst umfassenden Versicherungsschutz zuzulegen, ist es wichtig, so wenig Geld wie möglich in diesen Posten zu investieren und dabei den Schwerpunkt auf die wichtigsten Versicherungen zu setzen. Steigt der Verdienst, lässt sich das Versicherungsportfolio Schritt für Schritt vergrößern.

Da das Thema „Versicherungen“ Selbständige ein ganzes Leben lang begleitet, ließ sich aus diesem Grund auch ein informativer und auf aktuelle Entwicklungen aus der Versicherungsbranche eingehender Blog aufbauen, der einmal allgemeingültige Informationen liefert und ebenso Neuigkeiten aus der Welt der Versicherungen einbezieht (www.selbstaendig-versicherung.de).

Ein Blog lebt von immer wieder neuen und interessanten Artikeln und wird daher nie „fertig“. Ein Buch dagegen ist irgendwann mal abgeschlossen.

Da mein Blog auch viele Beiträge enthält, die ihre Gültigkeit über einen längeren Zeitraum bewahren, habe ich mich dazu entschlossen, aus den besten Blogbeiträgen einen kompakten Ratgeber zu erstellen.

Das Ergebnis haben Sie vor sich liegen. Ich hoffe, der Ratgeber hilft Ihnen, die richtigen Entscheidungen hinsichtlich Ihrer privaten wie geschäftlichen Absicherung zu treffen.

Ich habe aus Gründen der Übersichtlichkeit den Versicherungs-Ratgeber in zwei große Themenkomplexe unterteilt, in den Bereich „Private Versicherungen für Selbständige, Freiberufler und Existenzgründer“ und in den Bereich „Betriebliche Versicherungen für Selbständige, Freiberufler und Existenzgründer“.

Im Bereich „Private Versicherungen“ finden sich wichtige Informationen und Beiträge für die private Absicherung im Krankheitsfall, bei Berufsunfähigkeit, bei Arbeitslosigkeit, für das Alter usw.

Im Bereich „Betriebliche Versicherungen“ finden sich Informationen und Beiträge zu verschiedenen gewerblichen Versicherungen, deren Bedarf sich nach der jeweiligen Tätigkeit des Selbständigen ausrichtet.

Susanne Braun
Blieskastel, im Juni 2012

Private Versicherungen für Selbständige, Freiberufler und Existenzgründer

Übersicht

1. Krankenversicherung

Als Selbständige/r bzw. Existenzgründer/in haben Sie die Möglichkeit, sich entweder in der gesetzlichen oder privaten Krankenversicherung zu versichern. Sowohl das eine als auch das andere hat Vor- und Nachteile.

Wenn Sie sich freiwillig in der gesetzlichen Krankenversicherung versichern, müssen Sie im Laufe der Zeit mit spürbar höheren Beiträgen und einer Beschneidung der Leistungen rechnen.

Die private Krankenversicherung ist zumindest für jüngere Leute (vor allem unter 30 Jahren) mit Sicherheit die bessere Alternative, denn sie bietet zu günstigeren Tarifen einen größeren Leistungskatalog an. Der Nachteil bei den privaten Krankenversicherungen ist allerdings, dass Sie auch hier vor Preissteigerungen nicht sicher sind, besonders im fortgeschrittenen Alter. Und auch eine Rückkehr von der privaten in die gesetzliche Krankenversicherung ist so gut wie nicht mehr möglich.

Daher sollten Sie vor dem Versicherungsabschluss die besten Angebote der gesetzlichen und privaten Krankenversicherungen genau vergleichen und sich ausführlich informieren.

2. Krankenhaustagegeldversicherung

Die Krankenhaustagegeldversicherung ist eine Zusatzversicherung, die Ihnen bei längeren Krankenhausaufenthalten ein Tagegeld zahlt. Sie kann vor allem bei längeren und schweren Erkrankungen eine spürbare finanzielle Entlastung für Selbständige sein.

3. Berufsunfähigkeitsversicherung

Auch als selbständig Tätiger sollten Sie daran denken, dass Sie möglicherweise im Laufe Ihres Berufslebens wegen gesundheitlichen Beeinträchtigungen oder wegen eines Unfalls Ihren Beruf nicht mehr ausüben können.

Je risikoreicher Ihre Tätigkeit ist, desto wichtiger wird so eine Versicherung. Aber auch wenn Sie eine Bürotätigkeit ausüben, ist eine Berufsunfähigkeitsversicherung sinnvoll, denn in Deutschland wird jeder vierte berufsunfähig.

Und auch risikoarme Berufe wie Bürotätigkeiten weisen Ausfälle von 33 Prozent auf. Auch hier sollten Sie sich vor dem Abschluss umfassend beraten lassen und verschiedene Angebote einholen, um letztendlich möglichst gut abgesichert zu sein.

4. Private Haftpflichtversicherung

Eine Privathaftpflicht sollten Sie auch als Selbständige/r abschließen, denn falls Sie jemandem einen Schaden zufügen - auch aus Versehen und ohne jede Absicht, dann sind Sie zum vollständigen Schadensersatz verpflichtet. Und je nach Schadensfall kann der Ersatz in die Tausende gehen.

5. Lebensversicherung

Wenn Sie eine Familie haben, die im Falle Ihres Todes finanziell abgesichert sein soll, dann ist der Abschluss einer Lebensversicherung empfehlenswert. Diese zahlt die vereinbarte Versicherungssumme entweder nur beim Todesfall (Risiko-Lebensversicherung) oder auch, wenn Sie ein bestimmtes Lebensalter erreicht haben (Kapitallebensversicherung).

6. Private Rentenversicherung

Als Selbständige/r unterliegen Sie nicht mehr der Pflicht, in der gesetzlichen Rentenversicherung versichert zu sein und müssen sich daher um Ihre Altersvorsorge selbst kümmern. Je früher Sie eine solche Versicherung abschließen, umso weniger müssen Sie in die Versicherung einzahlen, um im Ruhestand eine bestimmte Rente zu erhalten.

Auch für diese Versicherung sollten Sie sich umfassend informieren, denn es gibt auf dem Versicherungsmarkt eine fast unüberschaubare Zahl an Versicherungsprodukten für die Altersvorsorge.

7. Unfallversicherung /Berufsgenossenschaft

Um sich gegen Arbeitsunfälle abzusichern, sollten Sie eine Unfallversicherung oder auch freiwillig eine Versicherung bei der Berufsgenossenschaft abschließen.

8. Arbeitslosenversicherung

Die Agentur für Arbeit bietet Existenzgründern die Möglichkeit an, sich gegen Arbeitslosigkeit zu versichern. Diese Versicherung ist im Jahr 2012 auf einen Monatsbeitrag von gut 78 Euro erhöht worden (Westdeutschland). Mittlerweile ist es auch Pflicht, fünf Jahre in der Arbeitslosenversicherung zu bleiben.

Scheitert Ihre Selbständigkeit, können Sie sich auf der Arbeitsagentur arbeitssuchend melden und erhalten für mindestens sechs Monate ALG I.

Krankenversicherungen

Gesetzliche Krankenversicherung

Selbständige, Freiberufler sowie Existenzgründer können sich als freiwillige Mitglieder weiterhin in einer der gesetzlichen Krankenversicherungen versichern.

Vorteile der gesetzlichen Krankenversicherung

Im Gegensatz zu den privaten Krankenversicherungen muss die gesetzliche Krankenversicherung jeden Versicherungsnehmer ohne Gesundheitsprüfung aufnehmen.

Ihre Familie ist in der gesetzlichen Krankenversicherung automatisch mitversichert und das sogar kostenlos. Gerade dieser Umstand lässt doch viele Selbständige und vor allem Existenzgründer mit Familie zögern, in die private Krankenversicherung einzutreten.

Denn in der privaten Krankenversicherung ist für jedes Familienmitglied, wie beispielsweise berufstätiger Ehemann, nicht berufstätige Ehefrau und ein Kind, ein eigener Versicherungsbeitrag zu zahlen, eine beitragsfreie Familienversicherung wie in der gesetzlichen Krankenversicherung existiert nicht.

Außerdem ist das Leistungsniveau der gesetzlichen Krankenversicherung vom Gesetzgeber definiert worden, so dass es kaum große Leistungsunterschiede bei den einzelnen gesetzlichen Krankenversicherungen gibt.

Dennoch kosten nicht alle gesetzlichen Krankenversicherungen das gleiche. Sie können sich die für Ihre Ansprüche besten gesetzlichen Krankenversicherungen mit entsprechenden Bonusprogrammen, Wahltarifen und Zusatzleistungen aussuchen, miteinander vergleichen und sich dann für die gesetzliche Krankenversicherung entscheiden, die Ihren Ansprüchen am nächsten kommt.

Nachteile der gesetzlichen Krankenversicherung

Sind Sie Arbeitnehmer, dann übernimmt Ihr Arbeitgeber bekanntlicherweise einen Teil der Krankenversicherungskosten und Sie zahlen den anderen Teil. Als Selbständiger müssen Sie alleine für die Kosten aufkommen.

Starten Sie als Existenzgründer in die Selbständigkeit, dann wird am Anfang Ihr monatlicher Krankenversicherungsbeitrag bei ungefähr 280 Euro plus ca. 40 Euro Pflegeversicherung liegen. Denn der monatliche Beitrag wird bei der gesetzlichen Krankenversicherung an einem geschätzten Mindesteinkommen von etwa 1.968,75 Euro (Stand 2012) im Monat bei Selbständigen festgemacht.

Falls Sie als Existenzgründer Gründungszuschuss beziehen bzw. als Selbständiger im vergangenen Jahr eine bestimmte Einkommensgrenze nicht überschritten haben, können Sie unter bestimmten Voraussetzungen bei Ihrer gesetzlichen Krankenkasse einen Antrag auf Mindestbeitrag stellen. In einem solchen Fall wird eine herabgesetzte Mindestbemessungsgrundlage als Bezugsgröße herangezogen. Sprechen Sie am besten Ihre Krankenkasse konkret darauf an.

Bedenken Sie auch: Private Krankenversicherungen bleiben nicht auf Dauer günstig, sondern werden im Laufe der Versicherungsjahre regelmäßig teurer.

Krankenversicherungen

Private Krankenversicherung

Selbständige, Freiberufler sowie Existenzgründer haben die Option: Entweder sie bleiben weiter freiwillig in der gesetzlichen Krankenkasse versichert oder sie suchen sich eine entsprechende private Krankenversicherung aus.

Eine private Krankenversicherung hat Vor- wie Nachteile.

Vorteile einer privaten Krankenversicherung für Selbständige

Da die monatlichen Versicherungsbeiträge bei einer privaten Krankenversicherung unabhängig vom durchschnittlichen Einkommen festgelegt werden, können auch Existenzgründer, die noch nicht über stabile Einnahmen verfügen, sich günstig privat versichern lassen.

Aus unterschiedlichen Faktoren setzt sich der private Krankenversicherungsbeitrag zusammen, was letztendlich bedeutet: Je komfortabler und umfassender der Versicherungsschutz, desto höher der monatliche Versicherungsbeitrag.

Wenn Sie eine stabile Gesundheit haben und z. B. festlegen, dass Sie einen bestimmten Betrag an Arztrechnungen im Jahr aus Ihrer eigenen Kasse bezahlen (Selbstbeteiligung), dann wird der Tarif sehr günstig. Mit fortschreitendem Alter ändert sich das aber.

Weitere beitragsbeeinflussende Faktoren sind Chefarztbehandlung und Einbettzimmer bei Krankenhausaufenthalt, Tagesgeld im Krankheitsfall usw.

Die Preisspanne für eine private Krankenversicherung ist ziemlich variabel. So ist für jüngere Versicherungsnehmer unter 30 Jahren schon ein monatlicher Versicherungsbeitrag von unter 100 Euro möglich. Darin sind meistens Operationen sowie Vor- und Nachuntersuchungen enthalten.

Nachteile einer privaten Krankenversicherung für Selbständige

Sind Sie schon 40+ und/oder leiden an chronischen Erkrankungen, dann wird es schwierig, einen günstigen Tarif bei der privaten Krankenversicherung zu erhalten. Außerdem wird bei Versicherungsabschluss verlangt, dass Sie Vorerkrankungen und chronische Erkrankungen im Vertrag angeben.

Da das Prinzip der privaten Krankenversicherung darauf ausgerichtet ist, Rückstellungen für das Alter anzusparen, ist es auch für Versicherungsnehmer über 40 nicht mehr allzu günstig, in die private Krankenversicherung einzutreten. Sie haben nicht mehr genügend Zeit zur Verfügung, um entsprechende Rücklagen zu bilden.

Ein weiterer großer Nachteil: Sind Sie erst einmal in der privaten Krankenversicherung, können Sie kaum noch zurück in die gesetzliche Krankenversicherung wechseln. Außer wenn Sie sich als Selbständiger wieder arbeitssuchend melden, wird die Arbeitsagentur Sie bei einer gesetzlichen Krankenversicherung anmelden.

Zusammenfassung

All diese Punkte sollten Sie sich genau durch den Kopf gehen lassen und sich auch mehrere Angebote von verschiedenen privaten Krankenversicherungen einholen, bevor Sie sich zu einem Wechsel in eine private Krankenversicherung entschließen.

Wenn der günstigste monatliche Versicherungsbeitrag bei einer privaten Krankenversicherung über 300 Euro liegt, ist ein Wechsel in die private Krankenversicherung kaum noch lohnenswert.

Jedenfalls kann man keine pauschale Empfehlung an Selbständige geben, dass eine Versicherung in einer privaten Krankenversicherung besser als ist als eine in einer gesetzlichen Krankenversicherung. Jeder muss für sich selbst entscheiden, auf welche Versicherungsleistungen er Wert legt.

Wie fallen die Beiträge der gesetzlichen Krankenversicherung für Selbständige aus?

Wer als Selbständiger weiterhin in der gesetzlichen Krankenversicherung als freiwilliges Mitglied bleibt, der muss - je nach Einnahmenhöhe - mit deutlich ansteigenden Versicherungsbeiträgen rechnen. Doch wie gestalten sich diese Beitragssteigerungen?

Für Existenzgründer, die ihren Eintritt in die Selbständigkeit mit dem Gründungszuschuss über den Zeitraum von 15 Monaten finanzieren, zahlen einen Mindestbetrag, der im Augenblick (Stand: 2012) bei gut 226 Euro monatlich liegt.

Hohe Belastung für gering verdienende Selbständige

Danach erfolgt eine neue Einstufung auf Grundlage der letzten Steuererklärung, wobei die Krankenkassen für die Ermittlung des neuen Versicherungsbeitrages ein festgelegtes Mindestbruttoeinkommen von 1.968,75 Euro definieren (Stand 2012).

Schon bei einem Bruttoeinkommen von 2.000 Euro liegt der durchschnittliche Versicherungsbeitrag bei den gesetzlichen Krankenversicherungen für Selbständige um 300 Euro monatlich. Bei 3.000 Euro brutto steigt er wiederum deutlich an auf ungefähr 450 Euro monatlich.

Die Beitragsbemessungsgrenze der gesetzlichen Krankenversicherung liegt bei 3.825,00 Euro (Stand: 2012), d. h. wenn Sie diese Brutto-Einnahmen im Monat überschreiten, werden Sie in eine einkommensunabhängige Beitragsklasse eingeordnet und müssen den festen Versicherungsbeitrag von ca. 590,00 Euro monatlich bezahlen. Mit der Pflegeversicherung steigt der Monatsbeitrag dann auf ca. 700,00 Euro. Ab diesem Zeitpunkt also sollten Sie an einen Wechsel in eine private Krankenversicherung denken.

Die Beitragsbemessungsgrenze wird von den gesetzlichen Krankenversicherungen jährlich um ca. 100 Euro angehoben.

An dieser Beitragssteigerung lässt sich ableiten, dass gerade für die gering sowie mittelmäßig verdienenden Selbständigen die Krankenversicherung eine deutliche finanzielle Belastung darstellt. Vor allem, wenn Sie alleinstehend sind. Haben Sie eine Familie mit Kindern, dann relativiert sich der Beitrag, denn Familienmitglieder sind in der gesetzlichen Krankenversicherung kostenlos mitversichert.

Wer vor dieser Belastung zurückschreckt, wird wahrscheinlich über einen Wechsel in die private Krankenversicherung nachdenken. Aber die niedrigen Einstiegstarife bei vielen privaten Versicherungsunternehmen sollten nicht darüber hinwegtäuschen, dass im Laufe der Zeit auch hier die Beiträge deutlich ansteigen werden.

Daher sollte ein Wechsel zur privaten Krankenversicherung nicht allzu spontan passieren, sondern gut überlegt sein. Aber auch bei den günstigen privaten Krankenversicherungen müssen Sie schon am Anfang mit einem durchschnittlichen Versicherungsbeitrag von knapp 200 Euro monatlich rechnen. Allerdings hängt dieser auch von Ihrem Alter ab.

Deshalb sollten Sie sich mehrere Versicherungsangebote einholen und auch mit einem unabhängigen Versicherungsvertreter ein Beratungsgespräch führen.

Sie können die Tarife der gesetzlichen Krankenversicherungen in einem Online-Vergleichsrechner gut selbst testen, mit Ihren eigenen Angaben wie Geschlecht, Alter, Bundesland, Bruttoeinkommen, Ihrer jährlichen Anzahl an Arztbesuchen und Ihren gewünschten Leistungsansprüchen und kontrollieren, wie sich die Beiträge innerhalb der verschiedenen gesetzlichen Krankenversicherungen unterscheiden. Meistens sind die Unterschiede nicht sehr groß.

Wenn man bedenkt, dass nur noch wenige Medikamente bezahlt werden und auch hier der Eigenanteil der Versicherten in den letzten Jahren immer größer wird, so sind die gesetzlichen Krankenversicherungen nicht sehr günstig.

Wie Sie Widerspruch gegen Krankenkassen-Entscheidungen einlegen

Sie können gegen ablehnende Entscheidungen Ihrer Krankenkasse Widerspruch einlegen.

Falls Sie zum Beispiel die Kostenübernahme für eine bestimmte Leistung bei Ihrer Kasse beantragen und diese den Antrag ablehnt.

Beispiele für die Weigerung der Kostenübernahme können sein:

- Beantragung einer Haushaltshilfe
- Beantragung von Pflegegeld
- Formulierung eines Kurantrages
- Möglichkeiten des Widerspruchsverfahrens

In dem Widerspruchsverfahren wird dann geprüft, ob die Krankenkasse nicht doch die Kosten für die beantragte Leistung zahlen muss. Es gibt zwei Möglichkeiten, wie Sie einen Widerspruch ohne Anwalt einlegen können.

Der erste ist der, dass Sie zu Ihrer Krankenkassen-Filiale vor Ort gehen und dort mitteilen, dass Sie „zur Niederschrift" widersprechen wollen. Die Krankenkasse ist verpflichtet, den mündlichen Widerspruch zu Protokoll zu nehmen, ein Telefonanruf ist für einen Widerspruch nicht ausreichend.

Der zweite Weg ist der des schriftlichen Widerspruchs in Form eines Briefs oder eines Faxes. Eine E-Mail als Widerspruchserklärung ist ebenfalls nicht ausreichend, weil hier die handschriftliche Unterschrift fehlt.

Formelle Gestaltung eines Widerspruchs

Einen Widerspruch schriftlich aufzusetzen, ist nicht kompliziert. Sie müssen darin auf alle Fälle zum Ausdruck bringen, dass Sie mit dem Nein der Krankenkasse nicht zufrieden sind und sich dagegen zur Wehr setzen wollen. Formulieren Sie in dem Schreiben auch, dass Sie eine erneute Überprüfung des Falls wünschen. Begründen Sie ausführlich, warum Sie die abgelehnte Leistung benötigen, denn so steigen die Chancen auf Ihren Widerspruchserfolg.

Das Schreiben ist formlos, ein besonderes Formular ist dafür nicht notwendig. Die Widerspruchsfrist beträgt einen Monat und beginnt von dem Moment an, wo der Krankenkassen-Bescheid in Ihrem Briefkasten liegt. Versäumen Sie diese Frist, weil Sie beispielsweise längere Zeit in Urlaub waren, sollten Sie dies der Krankenkasse unverzüglich mittteilen und sofort Widerspruch einlegen.

Widerspruchsausschuss prüft Ihr Anliegen

Bleibt die Krankenkasse nach Prüfung Ihres Widerspruchs bei ihrem Nein, dann wandert der Widerspruch an die Widerspruchsstelle. Dies ist ein Ausschuss von Repräsentanten der Versicherten und der Arbeitgeber. Dort wird schließlich eine Entscheidung über Ihren Widerspruch getroffen und das Ergebnis Ihnen schriftlich mitgeteilt. Erhalten Sie dort Recht, muss die Krankenkasse die Kosten für die Leistung übernehmen.

Klage beim Sozialgericht einreichen

Was passiert, wenn auch der Widerspruchsausschuss gegen Sie entscheidet? Dann bleibt nur noch der Weg zum Sozialgericht, wo Sie Ihre Klage einreichen können. Meistens muss diese innerhalb eines Monats beim Gericht eingehen.

Das Verfahren vor dem Sozialgericht ist generell ohne Kosten für die Bürger verbunden. Die aufkommenden Gerichtsgebühren und die Kosten der gegnerischen Partei - in diesem Fall die Krankenkasse - müssen Sie nicht erstatten, auch wenn Sie den Prozess verlieren sollten. Aber Sie müssen die eigenen Kosten übernehmen, wenn Sie keine Rechtsschutzversicherung besitzen.

Denken Sie auch daran, alle Belege und Rechnungen, die in Verbindung mit der umstrittenen Leistung stehen (auch Anwaltsrechnungen gehören dazu), aufzuheben. Wenn Sie alle Auslagen vorlegen können, muss im Falle Ihres Erfolges vor Gericht die Krankenkasse die Ausgaben bezahlen.

Ob Sie sich für einen Prozess vor dem Sozialgericht einen Anwalt nehmen oder nicht, steht Ihnen frei. Bedenken Sie, dass ein Anwalt Gebühren in einer Höhe von mehreren Hundert Euro berechnet.

Die Verfahren vor den Gerichten dauern in der Regel sehr lange, sodass Kläger medizinische Hilfsmittel zunächst selbst bezahlen müssen. Verliert die Krankenkasse den Prozess, muss sie dem Versicherten das Geld zurückerstatten.

Tipps für das Formulieren einer Widerspruchserklärung

Briefkopf

Rechts: Datum und Ihre Anschrift

Links: Anschrift der Krankenkasse

Betreff: Widerspruch

Sehr geehrte Damen und Herren,

Sie haben mir am .... (Datum des Ablehnungsschreibens der Krankenkasse) schriftlich mitgeteilt, dass Sie die Kosten für .... nicht übernehmen.

Gegen diese Entscheidung lege ich Widerspruch ein.

Dann schreiben Sie ausführlich in mehreren (5 bis 6) Sätzen, warum Sie die benötigte Leistung brauchen.

Ich beantrage deswegen, den Ablehnungsbescheid vom … aufzuheben und mir die Kosten für … zu erstatten.

Mit freundlichen Grüßen

Vorname Nachname

Anwartschaftsversicherung in der gesetzlichen Krankenversicherung - ja oder nein?

Bevor näher auf die Vorteile der Anwartschaftsversicherung eingegangen wird, sollte geklärt werden, was unter dem Begriff zu verstehen ist.

Als die Krankenversicherung noch keine Pflichtversicherung war, konnte man - wenn man über einen längeren Zeitraum keinen Krankenversicherungsschutz benötigte - entweder aus der Versicherung austreten oder aber eine Anwartschafts-versicherung abschließen. Dieser Schritt war deutlich sinnvoller als komplett die Versicherung zu verlassen, erstens weil die versicherungslose Zeit mit Risiken behaftet ist und zweitens, weil es aufwändiger ist, wieder einen neuen Versicherungsantrag zu stellen.

Die Anwartschaftsversicherung sah vor, dass über einen bestimmten Zeitraum die Versicherungspflichten und -rechte der Versicherungspartner ruhen, der Versicherer aber zusichert, nach der Anwartschaftszeit dem Versicherungsnehmer zu den alten Konditionen erneuten Versicherungsschutz zu leisten. In der Zeit, in der die Versicherungsleistungen ruhen, zahlt der Versicherungsnehmer einen geringen Anwartschaftsbetrag.

Und obwohl seit 2007 die Krankenversicherung eine Pflichtversicherung ist, gibt es doch noch Situationen, in denen die Anwartschaftsversicherung sinnvoll ist.

Die verschiedenen Gründe für eine Anwartschaftsversicherung sind nachfolgend aufgeführt:

1. Wenn Sie einen Auslandsaufenthalt aus beruflichen oder anderen Gründen vorhaben und danach eine selbständige Tätigkeit in Deutschland ausüben wollen als freiwillig Versicherter in der gesetzlichen Krankenversicherung, ist eine Anwartschaftsversicherung zu empfehlen. So erhalten Sie sich Ihren Anspruch auf Krankengeld.

2. Sie kommen während eines längeren Auslandsaufenthaltes ab und zu für kurze Zeit nach Deutschland zurück, ohne den Wohnsitz wieder dorthin zu verlegen. Die klassische Versicherungspflicht setzt aber nur ein, wenn Ihr Wohnsitz wieder in Deutschland liegt, nicht aber bei kurzzeitigen Aufenthalten. Um auch in einem

solchen Fall abgesichert zu sein, sollten Sie eine Anwartschaftsversicherung abschließen.

3. Sie verlegen Ihren Wohnsitz in ein anderes Land der EU, des Europäischen Wirtschaftsraumes oder in die Schweiz und sind dort privat krankenversichert. Damit verwirken Sie sich die Möglichkeit, bei einer Rückkehr nach Deutschland erneut Pflichtmitglied der gesetzlichen Krankenversicherung zu werden. Mit der Anwartschaft wahren Sie sich die Option, nach der Rückkehr nach Deutschland wieder in die gesetzliche Krankenversicherung eintreten zu können.

4. Die Anwartschaftsversicherung wird ebenfalls bei der Vorversicherungszeit für Pflegeleistungen berücksichtigt. Leistungen der Pflegeversicherung werden nur gewährt, falls Sie in einem Zeitraum von 10 Jahren vor der Antragstellung eine Vorversicherungszeit von zwei Jahren nachweisen können.

5. Die gesetzliche Krankenversicherung darf auch einen Leistungsauschluss verhängen und zwar dann, wenn Sie Ihren ausländischen Wohnsitz nach Deutschland zurückverlegen, nur um missbräuchlicherweise Leistungen der gesetzlichen Krankenversicherung in Anspruch zu nehmen. Haben Sie eine Anwartschaftsversicherung, wird Ihnen eine Versicherungsaufnahme bzw. -fortführung ohne Probleme ermöglicht.

6. Wollen Sie später Pflichtmitglied in der Krankenversicherung der Rentner werden, müssen Sie als Voraussetzung dafür in der zweiten Hälfte Ihres Erwerbsleben 9/10 dieser Zeit in der gesetzlichen Krankenversicherung versichert gewesen sein. Sollten Sie während Ihres Berufslebens einige Jahre im Ausland gearbeitet haben, wäre die 9/10-Regel wahrscheinlich hinfällig. Auch in diesem Fall ist eine Anwartschaftsversicherung sinnvoll.

Wer also einen langjährigen Auslandsaufenthalt vorhat, der sollte aus rechtlichen Sicherheitsgründen auf jeden Fall eine Anwartschaftsversicherung erwägen.

Gesetzliche Pflegeversicherung: Wie beantrage ich Pflegegeld?

Die im Pflegefall erbrachten Leistungen der gesetzlichen Pflegeversicherung sind durchaus vielfältig und reichen vom Pflegegeld für pflegende Angehörige, über Sach- und Geldleistungen, bis hin zu den Zuschüssen für eine Heimunterbringung oder nötige Wohnungsumbauten für körperbehinderte Pflegebedürftige.

Um Leistungen aus der gesetzlichen Pflegeversicherung zu beziehen, muss ein entsprechender Antrag bei der Pflegekasse gestellt werden. Aufgrund der Vielfalt möglicher Leistungen sollte man bei der Beantragung schon genau wissen, welche Leistungen man überhaupt beantragen möchte. Wer hierbei unsicher ist, sollte sich zuvor über das Beratungs- und Informationsangebot der Pflegekasse erkundigen.

Nötige Pflegehilfsmittel und technische Hilfsmittel wie beispielsweise medizinische Geräte oder ein spezielles Bett können problemlos bei der Krankenkasse beantragt werden. Wird jedoch eine Pflegekraft benötigt, oder wird gar eine Unterbringung in einer Pflegeeinrichtung notwendig, so ist ein Antrag bei der Pflegekasse eine nötige Voraussetzung.

Ist der Antrag eingereicht, wird ein Termin mit einem Arzt des Medizinischen Dienstes der Krankenkasse vereinbart. Der Arzt überprüft bei seinem Besuch in der Wohnung des Pflegebedürftigen die Art und den Umfang der Pflegebedürftigkeit. Aufgrund seiner Beurteilung erfolgt die Zuweisung zu einer Pflegestufe. Dabei spielt auch die Vorlage eines Pflegetagebuchs durch die pflegende Person eine Rolle.

Hierin sollten die täglichen Aufwendungen für die Pflege genau aufgezeichnet sein. Wurde das Führen eines Pflegetagebuchs versäumt, wird der Arzt der pflegenden Person bezüglich des Pflegeaufwands genaue Fragen stellen. Mit der Führung des Pflegetagebuchs sollte schon mit dem Tag der Antragstellung unbedingt begonnen werden. Abschließend erfolgt eine Einstufung in eine Pflegestufe, nach der sich der Umfang der späteren Leistungen richten wird.

Wer sich nicht allein auf die Leistungen der gesetzlichen Pflegeversicherung verlassen und zusätzliche Vorsorge für den Fall einer späteren Pflegebedürftigkeit treffen möchte, der sollte in Erwägung ziehen, für sich zusätzlich eine private Pflegeversicherung abzuschließen.

Hierzu stehen in der Praxis drei verschiedene Versicherungsmodelle zur Verfügung: Pflegerentenversicherung, Pflegetagegeldversicherung als auch die Pflegekostenversicherung. Zu diesen Versicherungsmodellen finden Sie in nachfolgenden Beiträgen wichtige Informationen.

Krankengeld für Selbständige - Finanzielle Absicherung für lange Krankenzeiten

Das Krankengeld, das jedem Angestellten bzw. Arbeitnehmer in Deutschland von der Krankenkasse gezahlt wird (Lohnfortzahlung im Krankheitsfall), wenn die Gesamtkrankheitsdauer des laufenden Kalenderjahres sechs Wochen überschreitet, gibt es auch für selbständig Tätige.

Gerade für Freiberufler und andere Selbständige kann ein längerer Verdienstausfall die existenzielle Grundlage gefährden.

Wer in der gesetzlichen Krankenversicherung freiwillig versichert ist, hat die Möglichkeit, sich über einen günstigen Basisschutz den Anspruch auf gesetzliches Krankengeld zu sichern.

Dafür zahlen Sie statt des ermäßigten Versicherungsbeitrages (14,9 Prozent, Stand 2012) den vollen Beitrag (15,5 Prozent, Stand 2012) und bekommen ab dem 43. Tag der Arbeitsunfähigkeit ein Krankengeld von höchstens 89,25 Euro, dafür müssen Sie ein monatliches Einkommen von 3.825 Euro aufweisen. Auch wenn Sie mehr verdienen, steigt das gesetzliche Krankengeld nicht an. Verdienen Sie weniger, sinkt das gesetzliche Krankengeld dementsprechend.

Außerdem müssen Sie in dieser Zeit keine Beiträge zur Kranken- und Pflegeversicherung zahlen. An die Entscheidung für das gesetzliche Krankengeld ist man drei Jahre lang gebunden, kann in dieser Zeit dennoch die Krankenkasse wechseln.

Basisschutz mit Wahltarifen ergänzen

Diesen Grund- oder Basisschutz kann man als Selbständiger durch einen Wahltarif ergänzen. Dafür ist ein extra Beitrag an die Krankenkasse zu zahlen. Und auch dieser Wahltarif bindet Sie drei Jahre, und Sie können in diesem Zeitabschnitt nicht die Krankenkasse wechseln, so wie dies beim Basisschutz möglich ist. Damit entfällt auch das Sonderkündigungsrecht, das Sie ja ansonsten nutzen können, wenn Ihre Krankenkasse einen Zusatzbeitrag erhebt oder sonstige Prämien streicht.

Wenn Sie sich für den Wahltarif entscheiden, zahlen Sie an die gesetzliche Krankenversicherung monatlich nur den ermäßigten Versicherungsbeitrag einschließlich des Beitrages für den Wahltarif.

Mit einem Wahltarif können Sie entscheiden, ob Sie das Krankengeld erst ab dem 43. Krankheitstag erhalten möchten, oder schon früher, beispielsweise ab dem 15. oder 22. Tag, eine interessante Option für all diejenigen, die ständig Verpflichtungen nachkommen müssen und keine finanziellen Rücklagen haben.

Keine Gesundheitsprüfung notwendig

Die gesetzlichen Krankenkassen dürfen niemand wegen irgendwelcher Vorerkrankungen ablehnen. Junge wie ältere Menschen zahlen den gleichen Beitrag für das gesetzliche Krankengeld.

Höhe des Krankengeldes

Das gesetzliche Krankengeld beträgt 70 Prozent des monatlichen Einkommens und wird bemessen nach dem Gewinn aus dem zurückliegenden Kalenderjahr. Allerdings wird nur ein Arbeitseinkommen von maximal 3.825 Euro berücksichtigt, was heißt, dass pro Tag allerhöchstens 89,25 Euro als Krankengeld gezahlt werden, auch wenn Sie deutlich mehr verdienen.

Mit speziellen Wahltarifen können Sie als besserverdienender Selbständiger diesen Betrag deutlich aufstocken, dennoch dürfen Sie nicht mehr Krankengeld erhalten als Sie normalerweise - ohne Krankheit - verdienen würden.

Existenzgründer - Entscheidung für oder gegen Krankengeld?

Wenn man sich selbstständig gemacht hat und die Einnahmen nicht sonderlich hoch sind, sollte man sich überlegen, ob man am Anfang auf das Krankengeld verzichten sollte und daher nur den ermäßigten Beitragssatz an die gesetzliche Krankenversicherung zahlt.

Denn da sich das Krankengeld nach den Einnahmen richtet, bekommt man bei niedrigem Einkommen auch nur ein paar Euro pro Krankentag gezahlt, was einem letztendlich nicht viel bringt.

Steigen die Einnahmen an, kann man sich mit seiner Krankenkasse in Verbindung setzen und sich dann wieder für den vollen Beitragssatz entscheiden oder auf einen Wahltarif zurückgreifen.

Auf der Website der Stiftung Warentest können Sie sich gegen einen geringen Betrag die verschiedenen Wahltarife der gesetzlichen Krankenversicherungen, unterteilt in die einzelnen Bundesländer [1], ansehen und sich entsprechende Informationen heraussuchen.

Abschließend sei noch gesagt, dass neben den oben genannten Krankengeld-Optionen für Selbständige auch noch die Möglichkeit besteht, sich über eine zusätzliche private Krankentagegeldversicherung die Zahlung des Krankengeldes zu sichern.

Ist ein Wechsel von der privaten in die gesetzliche Krankenversicherung für Selbständige möglich?

Was passiert, wenn Sie von der privaten wieder in die gesetzliche Krankenversicherung wechseln wollen, weil Ihnen beispielsweise die Versicherungsprämie der privaten Krankenversicherung zu hoch wird oder Sie Ihre Selbständigkeit aufgeben (müssen)?

Für die verschiedenen Einzelfälle gibt es bestimmte Regelungen:

1. Fall:
Wenn Sie als Selbständiger in die private Krankenversicherung eingetreten sind, dann führt auch kaum ein Weg zurück zur gesetzlichen Krankenversicherung. Gerade dann, wenn Sie Ihre selbständige Berufstätigkeit aufrechterhalten und Sie vielleicht nur wechseln wollen, weil Ihnen die monatlichen Versicherungsbeiträge zu hoch geworden sind, müssen Sie weiterhin in der privaten Krankenversicherung bleiben.

[1] Link zu den gesetzlichen Krankenversicherungen in Deutschland und ihren Leistungen auf Test.de: http://www.test.de/Gesetzliche-Krankenkasse-Die-beste-Kasse-fuer-Sie-1801418-1801419/

2. Fall:
Ein anderer Fall liegt vor, wenn Sie Ihre Selbständigkeit aufgeben und wieder als Arbeitnehmer/in in ein Angestelltenverhältnis zurückkehren. Dann können Sie aufgrund Ihrer Arbeitnehmertätigkeit zurück zur gesetzlichen Krankenversicherung. Allerdings sollten Sie unter 55 Jahre alt sein.

3. Fall:
Denn hier kommt die nächste Sonderregelung zum Zuge. Wenn Sie über 55 Jahre alt sind, ob nun selbständig tätig oder Arbeitnehmer/in, kommen Sie nicht mehr in die gesetzlichen Krankenversicherung zurück. Auch über 55-Jährige, die ihre Arbeit verlieren oder unter die Pflichtversicherungsgrenze zurückfallen, haben keine Wechselmöglichkeit mehr.

Sollten Sie wirklich nur wechseln wollen, weil Ihre Versicherungsprämie in der privaten Krankenversicherung zu hoch geworden ist, dann sollten Sie mit Ihrer Krankenversicherung reden und versuchen, in einen billigeren Basistarif innerhalb der privaten Krankenversicherung zurückgestuft zu werden.

Wissenswertes zum Beitragsentlastungstarif

Hinter dem etwas sperrigen Versicherungsbegriff „Beitragsentlastungstarif" steckt eine Ansparmöglichkeit in der privaten Krankenversicherung. Um im Alter geringere Versicherungsbeiträge zahlen zu können, haben Versicherungsnehmer die Möglichkeit, mit einem Beitragsentlastungstarif zum Versicherungsbeitrag noch eine zusätzliche Summe zu zahlen, was die Versicherungsprämie später verringern wird.

Eine auf den ersten Blick attraktive Möglichkeit, sich im Rentenalter Versicherungskosten zu sparen, gerade in dem Lebensabschnitt, in dem die finanzielle Versorgung meistens niedriger ist als während des Berufslebens. Außerdem müssen vor allem Rentner hohe Versicherungsbeiträge zahlen.

Doch die Ersparnisse sind Experten zufolge längst nicht so hoch, wie viele glauben. An einem Beispiel sei dies verdeutlicht: Ein 55-jähriger Mann zahlt zu seiner monatlichen Versicherungsprämie noch einen Beitragsentlastungstarif von gut 80 Euro an die private Krankenversicherung. Dafür reduziert sich ab seinem 65. Lebensjahr die monatliche Versicherungssumme deutlich um 150 Euro. Allerdings muss er weiterhin die gut 80 Euro für den Beitragsentlastungstarif zahlen, was die wirkliche Ersparnis von 150 Euro auf gut 68 Euro absinken lässt.

Für diese Ersparnis gibt es auf dem Finanzmarkt aber deutlich günstigere Optionen. Will der Versicherte diese Summe von gut 68 Euro im Alter monatlich ausgezahlt bekommen, dann kann er mit einem monatlichen Sparbetrag von ungefähr 35 Euro bei dreiprozentiger Verzinsung genauso viel erreichen wie mit den gut 80 Euro Beitragsentlastungstarif.

Bei diesem Beispiel gingen die Experten von einer restlichen Lebenserwartung von 26 Jahren aus.

Fazit

Der Beitragsentlastungstarif ist nicht nur teuer, sondern hat noch weitere Nachteile: Wollen Sie beispielsweise Ihre private Krankenversicherung wechseln, dann können Sie die angesparte Summe nicht mit zur neuen Versicherung nehmen. Der gleiche Fall tritt ein, wenn Sie zur gesetzlichen Krankenversicherung wechseln.

Vorteile für Selbständige hat der Beitragsentlastungstarif also nicht, höchstens für Arbeitnehmer, die den Arbeitgeberzuschuss noch nicht vollkommen in Anspruch genommen haben.

Vorerkrankungen bei den privaten Krankenversicherungen immer angeben

Ein konkreter Fall hat es mal wieder gezeigt. Wer beim Wechsel in eine private Krankenversicherung nicht vollständig seine Krankheitsgeschichte und mögliche Vorerkrankungen angibt, dem kann sogar das Versicherungsverhältnis gekündigt werden.

Der Fall gestaltete sich folgendermaßen: Eine Frau wechselte in die private Krankenversicherung und ließ die Angaben zur Gesundheitsprüfung von ihrem Versicherungsvertreter ausfüllen, sodass die Eintragungen nicht vollständig und korrekt waren. Hätte sie alles angegeben, hätte die private Krankenversicherung sie überhaupt nicht angenommen, gerade wegen der schwerwiegenden (und wohl behandlungs- und damit kostenintensiven) Vorerkrankungen.

Als sie später Behandlungskosten zur Übernahme an die private Krankenversicherung sendete, verweigerte diese erst einmal die Bezahlung und kündigte ihr auch noch. Die Begründung des Versicherungsunternehmens sah so aus, dass die Frau ihre Krankenversicherung nicht vollständig über die mehreren vorliegenden Vorerkrankungen informiert hätte. Wie das Gericht über diesen Fall letztendlich entscheiden wird, steht noch aus.

Allerdings ist immer zu empfehlen, genaueste Angaben zum Gesundheitszustand zu machen, wenn man die Krankenversicherung wechselt. Auch unbeabsichtigte Fehlinformationen werden genauso strikt von der privaten Krankenversicherung geahndet wie vorsätzliche Täuschungen.

Kostenübernahmen im Vorfeld abklären

Ebenfalls wichtig vor dem Vertragsabschluss sollte die Klärung sein, welche Kosten die private Krankenversicherung überhaupt übernimmt. Nur so können Sie vermeiden, dass im Nachhinein bestimmte Behandlungskosten nicht von der privaten Krankenversicherung bezahlt werden und Sie darauf sitzen bleiben. Das heißt, dass Sie sich den Versicherungsvertrag genauestens durchlesen sollten, am besten mindestens zweimal.

Treten bei manchen Formulierungen Unklarheiten auf, sollten Sie mit dem Versicherungsunternehmen Rücksprache halten und Klarheit über Ihren Versicherungsschutz schaffen.

Wer sich bei einem Wechsel in die private Krankenversicherung unsicher fühlt, ob der gewünschte Tarif einschließlich der darin enthaltenen Leistungen der richtige für ihn ist, kann auch einen unabhängigen Versicherungsberater heranziehen und diesen nach seiner Meinung befragen.

Private Zusatzversicherungen - Zahnzusatzversicherung

Wer als Selbständiger in der gesetzlichen Krankenversicherung freiwillig versichert ist, kann seine Krankenversicherungsleistungen durch private Zusatzversicherungen erweitern.

Eine beliebte Zusatzpolice ist die Zahnzusatzversicherung. Sie lohnt sich vor allem für Mitglieder der gesetzlichen Krankenversicherungen, die die hohen zusätzlichen Kosten für hochwertigen Zahnersatz (Kronen, Brücken, Implantate) nicht alleine tragen wollen. Zwischen 35 und 50 Prozent müssen gesetzlich Versicherte bei solchen Behandlungen selbst übernehmen.

Die gesetzliche Krankenversicherung übernimmt bei Zahnersatzbehandlungen ja immer nur einen festgelegten Beitrag, der sich über den zahnmedizinischen Befund definiert.

Die Kosten für Zahnersatzbehandlungen belaufen sich schnell in einen vierstelligen Betrag, den der Versicherte dann selbst aufbringen muss.

Unterschiedliche leistungsstarke Tarife

Wer sich wirklich für eine Zahnzusatzversicherung entscheidet, sollte sich im Voraus genau überlegen, wie viel er bei Zahnersatz selbst hinzuzahlen will oder kann.

Viele Versicherungen übernehmen nicht 100 Prozent der Kosten für Zahnersatz, sondern oft nur 80 Prozent, dagegen werden meist die vollen Kosten für Zahnbehandlungen und Zahnreinigungen erstattet.

Je leistungsstärker der Tarif ist, desto höher sind verständlicherweise die monatlich zu zahlenden Versicherungsbeiträge.

Unabhängige Experten von Stiftung Warentest haben im Jahr 2012 verschiedene Zahnzusatzversicherungen und ihre Leistungen getestet und befanden von 110 Anbietern nur 16 für sehr gut.

Wer sich für diese Auswertung interessiert, findet auf Test.de eine umfassende Ergebnisliste [2], die man für 2 Euro freischalten kann.

Für welche Zahnzusatzversicherung entscheiden?

Auf dem Versicherungsmarkt haben sich unterschiedliche Zahnzusatzversicherungen für verschiedene Ansprüche entwickelt. So gibt es Zahnzusatzversicherungen mit Höchstleistungen für Zahnersatz für all diejenigen, die die Absicherung gegen Zahnersatzkosten als sehr wichtig ansehen.

Man kann auch eine Zahnzusatzversicherung für Kinder abschließen. In diesen Policen liegt der Schwerpunkt auf kieferorthopädischen Behandlungen statt Zahnersatz.

Weitere Zusatzversicherungen leisten bei professioneller Zahnreinigung, mitversichern schon fehlende Zähne oder übernehmen Behandlungskosten nach geringer Wartezeit.

Dazu sollte noch ein Hinweis erfolgen: Wer eine Zahnzusatzversicherung abschließt, kann in den allermeisten Fällen nicht gleich Anspruch auf Leistungen erheben. Für Zahnersatz beträgt die Wartezeit meist acht Monate. So lange müssen Sie in der Versicherung sein, bevor Sie Kostenerstattungen beantragen können.

Bereits begonnene Behandlungen sind generell vom Versicherungsschutz ausgeschlossen. Die Versicherungsgesellschaften definieren den Behandlungsbeginn als den Zeitpunkt, wenn der Arzt dem Patienten die Diagnose mitteilt.

Wichtiges zur Zahnzusatzversicherung

Frühzeitig absichern: Wenn Sie schon kurz davor sind, Zahnersatz zu bekommen, erhalten Sie nicht gleich die Kostenerstattung (s.o.). Außerdem werden in den ersten drei bis sechs Jahren der Versicherung bei Zahnersatzbehandlungen oft nur begrenzte Beträge erstattet.

Die günstigsten Zahnzusatzversicherungen kosten für 43-jährige Frauen zwischen 19 und 24 Euro, für 43-jährige Männer zwischen 18 und 21 Euro pro Monat.

Nicht übereilt die Versicherung wechseln: Steigen die Beiträge an, sollten Sie einen günstigeren Tarif Ihrer Versicherungsgesellschaft wählen.

---

[2] Der Link zur Ergebnisliste der Zahnzusatzversicherungen auf Test.de: http://www.test.de/Zahnzusatzversicherung-110-Tarife-im-Test-1858338-1859919/

Private Zusatzversicherungen - Versicherungspakete für gesetzlich Krankenversicherte

Wer als gesetzlich Krankenversicherter häufig alternative Heilmethoden wie Akupunktur oder homöopathische Behandlungen in Anspruch nimmt, muss diese meist selbst bezahlen, denn nur sehr wenige gesetzliche Krankenversicherungen übernehmen diese Therapiekosten.

Heilpraktikerkosten werden von den gesetzlichen Krankenversicherungen generell nicht übernommen. Unter diesem Aspekt kann es sich für manchen lohnen, eine private Zusatzversicherung abzuschließen, die Zuschüsse zu Heilpraktikerbehandlungen und Naturheilverfahren anbietet.

Leistungen und Kosten der Versicherungspakete genau kontrollieren

Oft werden von den Versicherern noch Ergänzungsversicherungen angeboten, die bei Zahnersatz oder neuer Sehhilfe finanzielle Unterstützung leisten, denn auch bei Zahnersatzbehandlungen und neuen Brillen müssen Versicherte hohe Selbstkosten tragen.

Generell lohnt sich ein solches Versicherungspaket vor allem für jene, die regelmäßig Behandlungen von Heilpraktiker in Anspruch nehmen und daher im Jahr mehrere Hundert Euro für solche Therapien bezahlen würden.

Wer dies nicht tut oder nur einmal im Jahr einen Heilpraktiker aufsucht, für den lohnt sich eine solche Versicherung so gut wie nicht, da man über die Jahre mehr an Beiträge in die Versicherung einzahlt, als einem als Leistung schließlich erstattet wird.

Dann lohnt sich dieses Versicherungspaket eher wieder für diejenigen, die an der Kostenübernahme von Zahnersatz interessiert sind oder gar das komplette Versicherungspaket nutzen.

Wer sich allerdings nur gegen die hohen Kosten von Zahnersatzbehandlungen absichern will, der sollte lieber eine reine Zahnzusatzversicherung abschließen.

Wissenswert ist auch noch, dass die meisten Versicherer solcher Pakete nur einen Maximalbetrag für Heilpraktikerleistungen pro Jahr zahlen, beispielsweise 800 Euro. Wird dieser Betrag überschritten, muss der Versicherungsnehmer für die darüber liegenden Behandlungskosten selbst aufkommen, ganz gleich wie hoch die sind.

Nicht alle werden angenommen

Wer schon an einer schweren chronischen Erkrankung leidet, kann nicht sicher sein, dass er von der Versicherung angenommen wird. Im Gegensatz zu den gesetzlichen Krankenversicherungen können private Versicherungsunternehmen Kunden auch ablehnen. Weitere Möglichkeiten sind Risikozuschläge oder Behandlungsausschluss bestimmter Krankheiten vom Versicherungsschutz.

Täuschungsversuch kann teuer werden

Auch wenn Sie an einer chronischen Erkrankung leiden, sollten Sie nicht schwindeln und Krankheiten verschweigen. Denn der Versicherer wird sich bei Ärzten und Heilpraktikern nach Ihrer Krankheitsgeschichte erkundigen. Daher sind Sie als Versicherungsnehmer auch verpflichtet, Ihre Ärzte von der Schweigepflicht zu entbinden.

Und kommen dann verschwiegene Krankheiten heraus, können schon bezahlte Leistungen zurückgefordert werden.

Außerdem müssen Neuversicherte eine bestimmte Zeit warten, bis sie Leistungen geltend machen können, beim Zahnersatz beträgt die Wartezeit bis zu acht Monaten, bei Heilpraktikerversicherungen bis zu drei Monaten.

Private Zusatzversicherungen - Auslandsreise-Krankenversicherung

Wer regelmäßig ins Ausland verreist, sollte auf alle Fälle eine Auslandsreise-Krankenversicherung abschließen. Aber auch bei nur seltenen Auslandsreisen ist sie nützlich, denn passieren kann immer was.

Denn Ihre Krankenversicherung, vor allem wenn Sie gesetzlich krankenversichert sind, reicht im Ausland nicht aus. Und sollten Sie im Urlaub krank werden oder einen Unfall erleiden und müssen für eine medizinische Behandlung nach Deutschland zurückgeflogen werden, wird diese Aktion sehr teuer.

Gerade bei gesetzlich Krankenversicherten werden von den Kassen nur die Kosten für die Notfallbehandlungen vor Ort bezahlt, der Rücktransport nicht. Bei privat Krankenversicherten hängt dies von den Vertragsbedingungen ab, ob bei Vertragsabschluss festgelegt wurde, dass der Versicherungsschutz auch im Ausland greift und im Notfall ein Rückflug nach Deutschland gezahlt wird.

Die Kosten eines Ambulanzfluges mit medizinischer Begleitung hängen von der Entfernung nach Deutschland ab und können schnell 15.000 bis 20.000 Euro erreichen.

Bei Versicherungsabschluss auf die Bedingungen achten

Wenn Sie eine Auslandsreise-Krankenversicherung abschließen, müssen Sie auf die Vertragsbedingungen achten, denn eine solche Versicherung garantiert nicht zwangsläufig den kostenlosen Rücktransport nach Deutschland.

Manche Versicherungsunternehmen übernehmen die Transportkosten nur, wenn der Rücktransport medizinisch notwendig ist. Andere garantieren die Kostenübernahme, falls die Behandlung länger als zwei Wochen in Anspruch nehmen wird.

Die für den Versicherungsnehmer beste Bedingung ist allerdings die, dass die Transportkosten von der Versicherung übernommen werden, wenn der Rücktransport als medizinisch sinnvoll und vertretbar zu bewerten ist. Außerdem sollte die letzte Entscheidung für den Rücktransport von den Ärzten und nicht von der Versicherungsgesellschaft getroffen werden.

Im Paket mit anderen Versicherungen oft zu teuer

Auslandsreise-Krankenversicherungen gibt es auch oft in Paketen mit anderen, oft unnötigen Versicherungen, wie einer Unfallversicherung für die Reise, einer Reisegepäckversicherung oder einer Reiserücktrittskosten-Versicherung. Letztgenannte ist noch als sinnvoll einzustufen, denn damit können Sie von teuren gebuchten Reisen problemlos zurücktreten, falls Sie die Reise aus irgendwelchen Gründen wie Krankheit nicht antreten können.

Eine Auslandsreise-Krankenversicherung ist nicht sehr teuer, meist liegen die Jahresbeiträge um 10 Euro.

Private Zusatzversicherungen - Krankenhaus-Zusatzversicherung

Wer als Selbständiger Mitglied der gesetzlichen Krankenversicherung ist, kann sich für mögliche Krankenhausaufenthalte über eine private Zusatzversicherung eine komfortablere Unterbringung in einem Ein- oder Zweibettzimmer und Behandlungen durch Chefärzte garantieren lassen. Sie werden durch diese Versicherungspolice während Ihres Krankenhausaufenthalts sozusagen zum Privatpatienten hochgestuft.

Diese Zusatzversicherung ist die sogenannte Krankenhaus-Zusatzversicherung. Denn wer ernsthaft erkrankt, bekommt mithilfe dieser Versicherung oft schneller einen Termin für eine wichtige Untersuchung oder für eine Operation.

Ob Sie in eine Krankenhaus-Zusatzversicherung aufgenommen werden, hängt im Wesentlichen davon ab, ob Sie bei Vertragsabschluss gesund sind. Ansonsten kann das Versicherungsunternehmen Leistungen für bestimmte Krankheiten ausschließen, Risikozuschläge erheben oder Kunden mit chronischen oder schweren Erkrankungen ganz ablehnen.

Leistungen der Krankenhaus-Zusatzversicherung

Behandlung durch den Chefarzt: Die Versicherung übernimmt in den allermeisten Fällen die Chefarzthonorare bis hin zum Höchstsatz der privaten Gebührenordnung (GOÄ). Denn je nach Behandlungsaufwand und Schwierigkeit rechnen Chefärzte den 2,3- bis 3,5-fachen Gebührensatz ab. Letztgenannter muss zwar begründet werden, wird aber in einem Drittel aller Behandlungsfälle berechnet.

Unterbringung im Krankenhaus: Sie kommen mit einer Krankenhaus-Zusatzversicherung meist in einem Einbett- oder Zweibettzimmer unter.

Krankenhauswahl: Wollen Versicherte entgegen der ärztlichen Einweisung in ein teureres Krankenhaus gehen, bezahlen manche Tarife diese Mehrkosten, wenn die gesetzliche Krankenversicherung sie nicht tragen will.

Aufenthalte in Privatkliniken, die mit der gesetzlichen Krankenversicherung keinen Vertrag abgeschlossen haben, werden von der Versicherung nicht bezahlt.

Beitragskosten der Krankenhaus-Zusatzversicherung

Bei den besten Preis-Leistungs-Angeboten von privaten Krankenhaus-Zusatzversicherungen zahlen gesunde Kunden, die 43 Jahre alt sind, zwischen 35 und 40 Euro pro Monat für ein Einbettzimmer, Zweibettzimmertarife sind nur unwesentlich günstiger (32 bis 38 Euro).

Je älter ein Kunde bei Versicherungsabschluss ist, desto teurer wird die Versicherung. 53-jährige Neuversicherte zahlen schon um die 60 Euro pro Monat, und 63-jährige Neuversicherte müssen mit ca. 70 bis 85 Euro Monatsbeitrag rechnen.

Wer an einer solchen Versicherung interessiert ist, sollte sich nach geeigneten Angeboten umschauen und dann bei seiner Krankenversicherung nachfragen, ob er das für ihn beste Angebot mit Rabatt von seiner gesetzlichen Krankenversicherung bekommen kann. Denn über die gesetzlichen Krankenversicherungen gibt es oft einen Beitragsrabatt für Krankenhaus-Zusatzversicherungen, der zwischen einem und 10 Prozent liegen kann.

Ab 2013 werden medizinische Behandlungen im Ausland erleichtert

Das Europa-Parlament in Straßburg hat nach Jahre dauernden Auseinandersetzungen ein Gesetz verabschiedet, das verbindlich festhält, dass ab 2013 die Krankenversicherungen Behandlungskosten im Ausland übernehmen, die auch in Deutschland anfallen würden.

Wenn die Krankenkassen einen solchen Antrag auf Bezahlung von ausländischen Behandlungskosten ablehnen, sind sie verpflichtet, eine genaue Begründung abzugeben.

Mit dieser neuen Gesetzesverabschiedung wird deutschen Patienten eine medizinische Behandlung im Ausland deutlich erleichtert, was mit Sicherheit auch zu einem ansteigenden Medizintourismus ab 2013 führen wird.

Der sogenannte Medizintourismus hat sich schon in den letzten Jahren entwickelt, weil die Deutschen sehr oft in den europäischen Nachbarstaaten Therapien oder Operationen wie Zahnersatz, Schönheitsoperationen oder Lasereingriffe durchführen lassen. Diese Behandlungen kosten im Ausland deutlich weniger als in Deutschland selbst.

Wenn Sie jetzt schon eine medizinische Behandlung im europäischen Ausland vorhaben, dann sollten Sie folgende Punkte beachten:

- Benötigen Sie nach einer medizinischen Therapie oder OP eine Nachbehandlung oder Nachbesserung, dann muss diese meistens wieder bei dem gleichen Arzt im Ausland gemacht werden. Ein deutscher Arzt hat nur in einem Notfall eine Behandlungspflicht. Erkundigen Sie sich daher schon vorher, ob deutsche Ärzte eine Nachbesserung oder -behandlung von im Ausland durchgeführten Operationen und Therapien anbieten.
- Wenn der ausländische Arzt einen Behandlungsfehler begeht, werden eventuelle Haftungsansprüche gegen den Arzt nach dem jeweiligen Landesrecht geltend gemacht. Wenn Sie keinen Prozess möchten, sollten Sie mit dem Arzt im Ausland eine sogenannte Garantievereinbarung abschließen.
- Empfehlenswert ist auch, vor der OP die Klinik vor Ort zu besichtigen und sich genau den Service und die medizinische Ausrüstung und Ausstattung anzuschauen. Der Arzt sollte auch gut Ihre Sprache sprechen können oder Sie die seine, um Verständigungsprobleme auszuschließen.
- Wenn Sie in der gesetzlichen Krankenversicherung versichert sind, dürfen Sie in einem anderen EU-Mitgliedsstaat eine medizinische Therapie durchführen lassen. Ihre Krankenversicherung ist aber nicht verpflichtet, die gesamten Kosten zu zahlen, wenn diese Therapie auch in Deutschland zu günstigeren Preisen hätte erfolgen können. Die Krankenkasse muss nur die Kosten übernehmen, die auch bei einer Therapie oder Behandlung in Deutschland angefallen wären.
- Fragen Sie vor einer Auslandsbehandlung bei Ihrer Krankenkasse nach und lassen Sie sich diesbezüglich von ihr beraten, was Kostenerstattung und andere wichtige Punkte angeht.

- Reichen Sie nach Ende der Behandlung im Ausland eine aufgeschlüsselte Rechnung in Deutsch bei der Krankenkasse ein. Der im Ausland behandelnde Arzt soll Ihnen diese erstellen.

Wenn Sie sich einen Zahnersatz im Ausland anfertigen lassen wollen, dann sollten Sie sich vorher einen Kostenplan bei einem deutschen Arzt erstellen lassen. Diese Kosten wird Ihre Krankenversicherung übernehmen. Auf der Grundlage dieses Kostenplans sollte der ausländische Arzt einen Kostenplan, entlehnt an den deutschen Kostenplan, aufstellen. Diesen Plan reichen Sie dann bei Ihrer Krankenversicherung ein, damit er genehmigt werden kann.

Die größten privaten Krankenversicherungsunternehmen in Deutschland

Im Geschäftsjahr 2010 konnten alle privaten Krankenversicherungs-Unternehmen ihre Beitragseinnahmen deutlich steigern, bis zu einem Drittel.

Dabei war der größte private Krankenversicherer die **Debeka** mit gut 4,5 Milliarden Euro Beitragseinnahmen. Alle Krankenversicherer haben 2010 die Beitragseinnahmen um fast sechs Prozent auf insgesamt gut 33 Milliarden Euro gesteigert.

Die nächsten Plätze hinter dem Spitzenreiter Debeka belegen die DKV, Allianz, Axa und Centra. Die Plätze sechs bis zehn werden in der Reihenfolge von Signal, Bayerische Beamtenkrankenkasse, Barmenia, Continentale und Hallesche belegt.

Die ertragreichsten privaten Krankenversicherungsunternehmen waren die **DEVK** als Spitzenreiter in dieser Kategorie, LKH, Envivas, Ergo Direkt und Inter auf den Plätzen zwei bis fünf.

Unter der Ertragsstärke einer privaten Krankenkasse wird verstanden, wie viel der eingenommenen Bruttobeiträge nach den Abzügen der Verwaltungs-, Schaden- und Abschlussaufwendungen übrig sind.

Seit wann gibt es in Deutschland die private Krankenversicherung?

In diesem Beitrag soll es mal nicht um aktuelle Meldungen zur privaten Krankenversicherung gehen, sondern ein Blick in die Geschichte der privaten Krankenversicherung geworfen werden.

Denn für uns ist eine Krankenversicherung - auch die private Krankenversicherung - mittlerweise eine Selbstverständlichkeit im Versicherungsalltag geworden. Doch eine solche grundlegende Absicherung gab es nicht immer für die Bürger/innen.

Die Krankenversicherung der Moderne kam erst im 19. Jahrhundert auf, als Preußen in einer Gewerbeordnung zuließ, dass Krankenkassen für Fabrikarbeiter gegründet werden konnten.

Der Reichskanzler Bismarck führte 1883 eine Krankenversicherung für Arbeiter ein, deren Versicherungsträger dann Innungs-, Betriebs-, Knappschafts- und Ortskrankenkassen wurden. Nicht jeder der Bevölkerung konnte sich in diesen Krankenkassen versichern lassen und somit waren diese Menschen (dazu gehörten u. a. Lehrer, Beamte und Geistliche) gezwungen, eigene Versicherungseinrichtungen auf privatwirtschaftlicher Grundlage zu gründen. Dies war der Anfang der privaten Krankenversicherung.

Mit Beginn des Ersten Weltkriegs wurden die Weiterentwicklung und -verbreitung der privaten Krankenkassen zuerst einmal gestoppt. In den Jahren zuvor hatten schon einige Handwerkskammern private Krankenkassen gegründet.

Erst in den zwanziger Jahren ging die Entwicklung der privaten Krankenversicherung weiter, neue Versicherungsgesellschaften wurden gegründet, in denen vor allem Staatsbeamte eine Absicherung fanden.

In den dreißiger Jahren des vergangenen Jahrhunderts kam es zu einer umgreifenden Reform der Krankenversicherungssysteme: 1935 und 1937 wurden die Ersatzkassen zu Trägern der gesetzlichen Krankenversicherung umfunktioniert.

Die gesetzlichen Krankenkassen nahmen damals nur einen fest umrissenen Personenkreis auf. Andere waren gezwungen, die gesetzliche Krankenversicherung zu verlassen und in eine private Krankenversicherung einzutreten. Dadurch erhielten die privaten Krankenversicherung einen erneuten Aufschwung, der mit dem Zweiten Weltkrieg abrupt endete.

Nach 1945 wurde Deutschland in verschiedene Besatzungszonen unterteilt, die auch unterschiedliche Regelungen für Versicherungsgesellschaften ausarbeiteten. 1947 wurde in der britischen Besatzungszone der Verband für private Krankenversicherung gegründet. Ende der vierziger Jahre gab es dann einen Verband für das gesamte Deutschland.

Seitdem unterstehen die privaten Krankenversicherungen der deutschen Gesetzgebung.

Krankenhaustagegeldversicherung

Die Krankenhaustagegeldversicherung zahlt für jeden Tag, den Sie im Krankenhaus verbringen, einen bestimmten Betrag, auch für die Samstage und Sonntage. Aufnahme- und Entlassungstag werden wie ganze Krankenhaustage abgerechnet. Die Höhe des Betrages legen Sie beim Abschluss der Versicherung fest, daran richtet sich auch der monatliche Versicherungsbeitrag aus.

Da in den letzten Jahren sich die durchschnittliche Dauer eines Krankenhausaufenthalts verkürzt hat, ist die Bedeutung dieser Versicherung etwas zurückgegangen. Doch für Selbständige, Existenzgründer sowie Freiberuflicher ist die Krankenhaustagegeldversicherung immer noch attraktiv, da mit dem Krankenhaustagegeld der Verdienstausfall während einer vollstationären Behandlung verringert werden kann.

Sie können das Krankenhaustagegeld für Kosten verwenden, die mit dem eigentlichen Krankenhausaufenthalt nichts zu tun haben, wie beispielsweise

- Kosten für die Kinderbetreuung
- Kosten für eine Haushaltshilfe
- Verdienstausfall
- Telefon- und Internetgebühren
- für die von den gesetzlichen Krankenversicherungen vorgeschriebene Zuzahlung von 10 Euro am Tag
- Fahrtkosten für die Familie (die durch den täglichen Krankenhausbesuch aufkommen)

Für die Krankenhaustagegeldversicherung gilt generell eine Wartezeit von drei Monaten, d. h. Sie müssen mindestens drei Monate in diese Versicherung eingezahlt haben, um Ansprüche geltend machen zu können.

Tarife: Wenn Sie Ihr Krankenhaustagegeld niedrig ansetzen (10 Euro Auszahlung pro Tag), dann gibt es Tarife, die bei einer monatlichen Zahlung von unter einem Euro liegen.

Als Selbständiger sollten Sie allerdings den Betrag, den die Krankenhaustagegeldversicherung zahlt, so hoch wie möglich setzen, am besten auf 100 Euro. Dann steigt natürlich auch der monatliche Versicherungsbeitrag. Bei einer günstigen Krankenhaustagegeldversicherung liegt der Beitrag dann bei gut 10 Euro monatlich, was immer noch sehr günstig ist.

Berufsunfähigkeitsversicherung

Auch wenn man sich mit diesem Gedanken nicht gern auseinandersetzt, so ist es doch wichtig, eine mögliche Berufsunfähigkeit im Laufe seines Berufslebens in Betracht zu ziehen. Denn schließlich werden in Deutschland 25 Prozent aller Berufstätigen vor dem Renteneintrittsalter berufsunfähig, auch solche, die keine körperlich verschleißenden Tätigkeiten ausüben.

Selbständige erhalten keine Erwerbsminderungsrente

Und gerade als Selbständiger haben Sie bei einer Nichtabsicherung noch schlechtere Karten als ein Arbeitnehmer, der berufsunfähig wird. Weil Sie als selbständig Tätiger wahrscheinlich keinen Anspruch auf die Erwerbsminderungsrente haben.

Die Erwerbsminderungsrente ist eine staatliche Hilfe bei Berufsunfähigkeit und wird an diejenigen Arbeitnehmer gezahlt, die nach dem 2.1.1961 geboren sind. Von der Höhe fällt diese sehr mager aus, sie macht maximal ungefähr 30 Prozent des letzten Bruttoeinkommens aus. Und Sie erhalten diese Rente auch nur unter der Bedingung, dass Sie nicht einmal mehr drei Stunden pro Tag arbeiten können.

Selbständige erhalten diese Minirente nur in dem Fall, dass sie die erforderlichen Pflichtbeiträge in die gesetzliche Rentenkasse zahlen. Dabei muss eine Wartezeit von fünf Jahren mit Beitragszeiten gefüllt werden. Da Selbständige aber in der gesetzlichen Rentenversicherung nicht mehr pflichtversichert sind, sondern sich auch privat für den Lebensabend absichern können, kommen häufig nicht genug Einzahlungen in die gesetzliche Rentenkasse zustande, sodass auch kein Anspruch auf Erwerbsminderungsrente besteht.

Daher sollten Sie sich gegen Berufsunfähigkeit absichern, um kein Sozialfall zu werden.

Kosten einer Berufsunfähigkeitsversicherung

Wie viel Sie monatlich für eine Berufsunfähigkeitsversicherung zahlen, ist ganz von Ihren persönlichen Merkmalen wie Ihrem Alter, Ihrer Berufstätigkeit und Ihrem Gesundheitszustand abhängig.

Je geringer das Risiko einer Berufsunfähigkeit ist – und das ist bei Berufen, die im Sitzen vor dem PC ausgeübt werden, meistens der Fall – und je jünger Sie sind, desto niedriger werden die von Ihnen zu zahlenden Beiträge ausfallen. Auch ausschlaggebend für die Versicherungsbeiträge ist die Preispolitik der jeweiligen Versicherungsgesellschaften, die sich bei Preisen und Leistungen stark unterscheiden.

Eine Berufsunfähigkeitsversicherung ist in Kombination mit einer Risikolebensversicherung etwas teurer als eine Einzelpolice. Falls man schon über eine Lebensversicherung verfügt, ist es meistens günstiger, eine Einzelpolice abzuschließen.

Viele Versicherungsunternehmen versichern ihre Kunden nur bis zum 55. Lebensjahr. Tritt die Berufsunfähigkeit danach ein, erhält man keine Berufsunfähigkeits-Rente.

Die meisten Unternehmen teilen die Versicherungsnehmer in vier Berufsgruppen ein:

Berufsgruppe	Risikobewertung	Beispiele
1	Gut	Apotheker, Arzt, EDV-Fachmann, Grafiker, Call-Center-Agent
2	Normal	Lehrer, Verkäufer, Hebamme
3	Erhöht	Gastwirt, Kranführer, Kranken- und Altenpfleger, Fliesenleger
4	Hoch	Möbelpacker, Feuerwehr

Gesundheitsfragen: Manche Versicherungsanbieter entbinden Kunden vom schriftlichen Beantworten bestimmter Gesundheitsfragen, falls sie sich deswegen ärztlich untersuchen lassen. Hat ein Antrag eine solche Option, sollte man diese nutzen.

Versicherungsschutz: Akzeptieren sollte man keinen Ausschluss für ein bestimmtes Krankheitsbild. Nur wer anderswo keinen Komplettschutz findet, sollte sich auf so einen Antrag einlassen. Außerdem sollte man dann versuchen zu verhandeln, damit der Versicherungsbeitrag abgesenkt wird, da auch geringere Leistungen angeboten werden.

Überschussbeteiligung: Die Beitragshöhe ist auch von der Art der Überschussbeteiligungsform abhängig. Denn die Versicherungsunternehmen erwirtschaften mit den Versicherungsbeiträgen Überschüsse, die sie auf unterschiedliche Art und Weise verwenden können.

Unterschieden werden drei Varianten: Das Bonussystem (BO), die Beitragsverrechnung (B) und die verzinsliche Ansammlung (VA). Beim Bonussystem legt das Unternehmen die angefallenen Überschüsse an, damit sie im Ernstfall für die Rentenerhöhung zur Verfügung stehen. Wie hoch diese ausfällt, hängt also von der Höhe der Überschüsse ab, die bis zum möglichen Eintritt der Berufsunfähigkeit erzielt wurden.

Dagegen werden bei der Beitragsverrechnung die erwirtschafteten Überschüsse dem Kunden jedes Jahr direkt auf seinen Beitrag gutgeschrieben. Ist die Kalkulation korrekt, bleibt der Beitrag vergleichsweise stabil. Daher ist diese Variante den beiden anderen vorzuziehen, weil hier der Versicherungsnehmer gleich weiß, wie hoch seine Rente bei Berufsunfähigkeit wäre.

Ziel: Wenigstens die privaten Lebenshaltungskosten abdecken

Eine Berufsunfähigkeitsversicherung sollte wenigstens die privaten Lebenshaltungskosten abdecken, auch wenn man als Selbständiger neben diesen Kosten ebenfalls die Existenz seines Unternehmen absichern möchte. Doch sollte dies bei Versicherungsabschluss zu teuer werden, dann sollten Sie auf alle Fälle die Abdeckung Ihrer privaten Kosten über die Berufsunfähigkeitsversicherung anstreben.

Versicherungsangebote einholen und vergleichen

Wenn Sie sich ein unverbindliches und auf Ihre berufliche Situation angepasstes Angebot für eine Berufsunfähigkeitsversicherung einholen wollen, dann können Sie Online-Anfrageformulare ausfüllen. Diese Versicherungsanfrage ist absolut unverbindlich sowie kostenlos, und auch das Beratungsgespräch mit einem Versicherungsexperten verpflichtet Sie zu keinem Versicherungsabschluss.

Auf diesem Weg erhalten Sie schon mal einen groben Überblick über die möglichen Versicherungskosten und Sie können wichtige Fragen klären, um für Ihre Situation den optimalen Berufsunfähigkeitsversicherungsschutz zu bekommen.

Empfehlenswert ist auch ein ausführliches Gespräch mit einem unabhängigen Versicherungsmakler.

Achten Sie auf die Verweisung in der Berufsunfähigkeitsversicherung

Wenn Sie eine Berufsunfähigkeitsversicherung abschließen, dann achten Sie auch darauf, dass keine Verweisungsklausel in Ihrem Vertrag enthalten ist. Denn eine solche kann den Berufsunfähigkeitsversicherungsschutz deutlich reduzieren.

Generell ist eine Berufsunfähigkeitsversicherung so gestaltet, dass Sie als Versicherte/r eine monatliche Rente erhalten, wenn Sie Ihren Beruf nicht mehr ausüben können.

Die Versicherungsbedingungen lauten meist so, dass Ihre Erkrankung zu einem Arbeitsausfall von mindestens sechs Monaten oder noch länger führen muss. Sie sind auch verpflichtet, Ihre Arbeitsunfähigkeit durch das Vorlegen von ärztlichen Attesten zu belegen.

Ist in Ihrer Berufsunfähigkeitsversicherungs-Police eine Verweisung enthalten, dann bekommen Sie möglicherweise nicht die mit Ihnen ausgemachte Berufsunfähigkeitsrente. Denn mit einer Verweisungsklausel kann der Versicherer von Ihnen verlangen, dass Sie eine andere Tätigkeit ausüben, wenn Sie noch dazu in der Lage sind. D. h. Sie werden auf einen anderen Beruf verwiesen, mit dem Sie sich Ihren Lebensunterhalt sichern sollen.

Die Formulierung kann folgendermaßen lauten:

Wenn der Versicherungsnehmer in der Lage ist, eine andere Tätigkeit auszuüben, die er aufgrund seiner Ausbildung bzw. Erfahrung ausüben kann und die seiner bisherigen Lebensstellung entspricht, werden keine Leistungen aus der Berufsunfähigkeitsversicherung fällig.

Diese Verweisung wird auch als abstrakte Verweisung bezeichnet.

Dabei spielt auch die Zumutbarkeit eine wichtige Rolle, denn der neue Beruf sollte der bisherigen Lebensführung entsprechen. Dennoch kann das Gehalt bis zu 20 Prozent niedriger liegen als beim vorherigen Beruf, was die Versicherung als akzeptabel einstuft. Das Risiko, einen neuen Arbeitsplatz zu finden, liegt bei Ihnen, dem Versicherungsnehmer. Der Versicherer braucht nur nachzuweisen, dass eine entsprechende Tätigkeit im Bereich des Möglichen liegt.

Neben der abstrakten Verweisung gibt es auch die konkrete Verweisung. Dieser Fall tritt ein, wenn der Betroffene nach einem Berufsunfähigkeits-Eintritt tatsächlich eine andere Tätigkeit ausübt.

Dann kann der Versicherer darauf verweisen und die Berufsunfähigkeitszahlungen kürzen oder gar ganz einstellen, weil Versicherungsleistung plus Arbeitseinkommen nicht über dem Lohn vor der Berufsunfähigkeit liegen dürfen.

Die konkrete Verweisung ist vor allem als Schutz der Versicherungsgemeinschaft zu verstehen. Ein/e Versicherte/r, die/der nach einem Berufsunfähigkeits-Eintritt noch ein Einkommen durch eine andere Tätigkeit erwirtschaften kann, ist nicht bzw. nicht vollständig auf die Berufsunfähigkeits-Rente angewiesen.

Nachversicherungsgarantie in der Berufsunfähigkeitsversicherung wichtig

Bei der Berufsunfähigkeitsversicherung spielt die sogenannte Nachversicherungsgarantie eine wichtige Rolle. Denn damit sichern Sie sich das Recht zu, den Versicherungsschutz ohne wiederholte Prüfung Ihrer Gesundheit auszubauen.

Deshalb sollten Sie darauf achten, dass Ihr Vertrag eine Nachversicherungsgarantie ohne Gesundheitsprüfung aufweist.

Im Laufe Ihres Lebens können sich Ihre Lebensumstände ändern, z. B. durch Eheschließung, Geburt von Kindern, Kauf einer Immobilie oder durch einen anderen Arbeitsplatz. Dadurch kann Ihre Berufsunfähigkeitsabsicherung eventuell nicht mehr ausreichend sein.

Sollten Sie dann wirklich durch eine Krankheit oder einen Unfall nicht mehr arbeitsfähig sein, kann die monatliche Berufsunfähigkeits-Rente womöglich Ihre Lebensführungskosten nicht mehr decken.

Ist dann in Ihrem Vertrag keine Nachversicherungsgarantie vorhanden, kann die Erhöhung der Zahlungen in die Berufsunfähigkeitsversicherung an den anstehenden Fragen zu Ihrer Gesundheit scheitern, sollte sich Ihre gesundheitliche Verfassung seit Vertragsabschluss verändert haben.

Und das heißt nicht, dass sich Ihre gesundheitliche Situation dramatisch verschlechtert haben muss. Schon gelegentliche Rückenbeschwerden oder eine Allergie reichen für den Versicherer aus, um eine erneute Gesundheitsprüfung zu veranlassen. Eine weitere Option ist, dass Sie einen Beitragszuschlag hinnehmen müssen.

Es gibt einige Versicherungen, die zu bestimmten Anlässen oder Ereignissen wie Heirat, Geburt von Kindern oder einer neuen beruflichen Situation eine Nachversicherungsgarantie anbieten.

Sie sollten sich also auch bei Abschluss einer Berufsunfähigkeitsversicherung darüber informieren, bis zu welchem Alter Sie die Erhöhungsoption ausüben können und wie die Antragsfristen nach Eintritt des entsprechenden Ereignisses gestaltet sind. Manche Versicherungsgesellschaften gewähren drei bis sechs Monate.

Berufsunfähigkeitsversicherung: Bei abstrakter Verweisung Versicherungsnehmer in Beweispflicht

Falls ein Versicherungsnehmer einer Berufsunfähigkeitsversicherung vom Versicherer auf eine Erwerbstätigkeit verwiesen wird, die er bereits schon ausführt, so muss der Versicherte beweisen können, dass dieser neue Beruf nicht den Anforderungen gleichkommt, die in den Versicherungsbedingungen an eine Vergleichserwerbstätigkeit gestellt wurden.

Das hat das Oberlandesgericht in Düsseldorf in einem Urteil entschieden. Der konkrete Fall zu diesem Gerichtsurteil gestaltete sich folgendermaßen: Ein Tischler hatte im Betrieb seines Vaters gearbeitet, als er durch einen Bandscheibenvorfall berufsunfähig wurde. Daraufhin erhielt er von seiner Berufsunfähigkeits-versicherung eine monatliche Rente ausgezahlt, aber nur unter dem Vorbehalt, dass sie die abstrakte Verweisung des Tischlers zu einem späteren Zeitpunkt überprüfen wolle.

Währenddessen begann der Kläger eine Ausbildung als Fachverkäufer für Einbauküchen und arbeitete anschließend auch in diesem Beruf. Bei der kurz darauf erfolgten Überprüfung nahm die Versicherungsgesellschaft den Berufswechsel des Klägers zum Anlass, ihn auf diese Tätigkeit zu verweisen.

Mit dieser Entscheidung war der Kläger nicht einverstanden und gab in seiner Klage an, dass sein neuer Beruf als Fachverkäufer nicht mit dem eines Tischlers vergleichbar sei, sowohl was das Gehalt als auch die Wertschätzung in der Gesellschaft angeht.

Das Oberlandesgericht lehnte die Klage ab mit der Begründung, dass es Sache des Versicherten sei, zu beweisen, warum die neue Berufstätigkeit nicht an eine mögliche Vergleichstätigkeit herankommt. Dies hat der Kläger in dem hier genannten Fall unterlassen.

Nach Ansicht des Gerichts verlangt der Beruf des Fachverkäufers entsprechende Kenntnisse und Fähigkeiten, die nicht als geringfügiger eingeschätzt werden können als die Fähigkeiten eines Tischlers. Außerdem sei der Kläger bei seiner Berufsausübung als Tischler schon zeitweise beratend und im Verkauf tätig gewesen. Aus diesem Grund sei es dem Gericht nicht möglich, die handwerkliche Tätigkeit höher zu bewerten als die jetzige im Verkauf.

Der Hinweis des Klägers, dass er in absehbarer Zeit den Tischlereibetrieb seines Vaters übernommen hätte, wäre er nicht berufsunfähig geworden, wurde vom Gericht als rein hypothetisch beanstandet.

In einem ähnlichen Fall, in dem ein Tischlergeselle von seiner Versicherung auf eine Erwerbstätigkeit in einem Baumarkt verwiesen wurde, lehnte das Landgericht Köln die Klage ebenfalls ab.

Berufsunfähigkeitsversicherung: Neues Urteil um Verweisungsstreit

In einem Urteil des Oberlandesgerichts Karlsruhe vom Mai 2011 (Az. : 12 U 45/11) ging es um einen Rechtsstreit zwischen einem Versicherer und dem Versicherungsnehmer, der auf Zahlung einer Invaliditätsrente klagte, nachdem das Versicherungsunternehmen die Rentenzahlung verweigert hatte.

Der Fall gestaltete sich folgendermaßen: Der Kläger hatte 1982 eine Lebensversicherung mit Einschluss einer Invaliditätszusatzversicherung abgeschlossen. Sollte der Versicherungsnehmer tatsächlich arbeitsunfähig werden, hätte er eine jährliche Rente in Höhe von 3.800 Euro erhalten.

2008 erkrankte der Kläger schließlich an Hautkrebs. Infolge dieser und der sich anschließenden Behandlungen konnte er nicht mehr seinen handwerklichen Beruf ausüben, sondern nahm nach seiner Genesung eine Bürotätigkeit an.

Die Versicherung verweigerte die Zahlung der Invaliditätsrente mit der Begründung, dass der Versicherungsnehmer mit seiner neuen beruflichen Tätigkeit keinen sozialen Abstieg erlitten hätte, sondern nun sogar finanziell bessergestellt sei als in seinem Handwerkerberuf zuvor.

Nur wenn der Versicherungsnehmer in seinem neuen beruflichen Umfeld finanzielle Nachteile hätte hinnehmen müssen, hätte die Versicherung die Zusatzrente gezahlt.

Doch das Gericht sah das anders. Nach seiner Ansicht hat ein Berufsunfähigkeits- oder Invaliditätsversicherer nicht die Einkommensbußen des Versicherten zu ersetzen, sondern er sollte die im Voraus vertraglich ausgemachten Leistungen erbringen.

Aus diesem Grund entschied das Gericht, dass der Versicherer die Rente zahlen muss, obwohl der Versicherungsnehmer mit seiner neuen Tätigkeit keine finanziellen Einbußen erlitten hat.

Auch die Berufung des Versicherers auf die vergleichbare Berufsausübung sei nicht korrekt. Denn die vorherige Berufsausübung sei vor allem handwerklich und körperlich geprägt gewesen, was die jetzige nicht sei. Dass der Kläger von seiner Ausbildung her eher zufällig auch für eine Bürotätigkeit befähigt sei, sei nicht relevant.

Auch dieses Urteil zeigt wieder, dass die Modalitäten einer zulässigen Verweisung von den jeweils vereinbarten Versicherungsbedingungen festgelegt werden und daher je nach Bedingungswerk unterschiedlich weit gehen können.

Finanztest: Die besten Berufsunfähigkeitsversicherungen

Die Zeitschrift Finanztest hat verschiedene Angebote von privaten Berufsunfähigkeitsversicherungen sowohl in der selbständigen als auch in der Zusatzversicherungsvariante untersucht. Bewertungsgegenstand war vor allem die Qualität der Bedingungen. Gut 50 Tarife wurden bei diesem Test mit gut oder sehr gut bewertet.

Was jedoch innerhalb der einzelnen Versicherungen auffiel, waren die großen Preisdifferenzen und Schwierigkeiten für Ältere und Menschen mit Vorerkrankungen, einen Vertragsabschluss zu bekommen.

Folgende Kriterien gingen in die Endbewertung mit ein:

- der Verzicht auf die abstrakte Verweisung
- die Sechs-Monats-Prognose

- eine rückwirkende Leistung in den ersten sechs Monaten und rückwirkende Leistung in den ersten drei Jahren
- weltweite Versicherungsgeltung
- Nachversicherungs-Garantien

Des Weiteren gingen in die Endnote mit zehn Prozent ein, ob und inwieweit die Versicherungsanbieter die 27 gängigsten Berufe annehmen und wie sich die maximale Risiko- und Leistungsdauer gestaltete. Die Tester sahen letzteren Punkt deshalb als sehr entscheidend an, weil das Rentenalter mittlerweile angehoben worden ist, aber einige Berufe bis zum bisherigen Erreichen der Rente nicht genügend versichert sind.

Ebenfalls bewertet mit 20 Prozent wurde die Kundenfreundlichkeit der Versicherungsanträge.

Die ersten fünf Plätze in der Bewertung belegen folgende Versicherungen:

1. AachenMünchener mit dem Tarif SBU BU F/M (Bewertung: sehr gut 0,7)
2. Generali mit dem Tarif SBU 09 (Bewertung: sehr gut 0,9)
3. Hannoversche mit dem Tarif Comfort-BUZ BR-Plus F/M (Bewertung: sehr gut 0,9)
4. HanseMerkur mit dem Tarif SBU 2011M (Bewertung: sehr gut 0,9)
5. HUK24 mit dem Tarif BB-BUZ Premium 6.4 (Bewertung: sehr gut 0,9)

Eine weitere Beobachtung in den Testergebnissen war, dass es deutliche Beitragsunterschiede von bis zu 250 Prozent unter den Versicherungsanbietern gibt. So kann sich eine Diplomkauffrau im günstigsten Tarif schon für 870 Euro Jahresbeitrag gegen Berufsunfähigkeit absichern, der teuerste Tarif für sie lag bei 2.282 Euro im Jahr.

Ein weiteres Problem für interessierte Berufsunfähigkeits-Versicherungsnehmer kristallisierte sich in dem Test heraus: Viele Ältere, bestimmte Berufsgruppen sowie Menschen mit Vorerkrankungen müssen lange suchen, bis sie eine Berufsunfähigkeitsversicherung finden, die sie aufnimmt - falls sie überhaupt fündig werden.

Doch Finanztest rät den Versicherungsnehmern, sich nicht entmutigen zu lassen. Erstmals sollte man mehrere Versicherungsangebote (5 bis 10) einholen, auch mit Hilfe eines Versicherungsberaters, der im Vorfeld schon anonyme Anfragen bei den Versicherungsgesellschaften stellen kann. Außerdem solle man mit den Versicherern verhandeln und mithilfe von ärztlichen Gutachten frühere Vorerkrankungen abklären, ob diese überhaupt noch vorhanden sind.[3]

---

[3] Link zu den besten Angeboten von Berufsunfähigkeitsversicherungen auf Test.de:

Allerdings sollte man keine falschen Angaben zur Gesundheit machen, nur um leichter zu einem Berufsunfähigkeitsversicherungs-Abschluss zu gelangen.

Die wichtigsten Gründe, warum viele keine Berufsunfähigkeitsversicherung abschließen

Die Berufsunfähigkeitsversicherung zählt zu den unbeliebtesten Versicherungen in Deutschland. Einer der Gründe mag der sein, dass kaum jemand mit seiner Berufsunfähigkeit rechnet und daher den Versicherungsabschluss als reine Geldverschwendung ansieht. Andere falsche Vermutungen sind wohl die, dass viele glauben, sie seien im Fall einer Berufsunfähigkeit staatlich oder über andere Versicherungen abgesichert und würden entsprechende Leistungen erhalten.

Die wichtigsten Gründe, warum nur ungefähr 20 Prozent aller Berufstätigen über eine Berufsunfähigkeitsversicherung verfügen, finden Sie im nachfolgenden Text.

Grund 1: Ich bin doch im Ernstfall abgesichert
Leider nein. Auch wenn Sie eine Lebens- oder Unfallversicherung abgeschlossen haben, bieten Ihnen die beiden Versicherungen nicht den Schutz, den eine Berufsunfähigkeitsversicherung beinhaltet. Nur sie zahlt Ihnen eine monatliche Rente über Jahre hinweg, wenn Sie nicht mehr arbeiten gehen können.

Grund 2: Die Versicherung ist zu teuer
Es stimmt schon, dass die Berufsunfähigkeitsversicherung nicht zu den günstigsten Versicherungen zählt. Vergleichszahlen zeigen aber, dass die Einsparung durch keine Berufsunfähigkeitsversicherung im Ernstfall sehr teuer werden kann. Denn wenn Sie in jungen Jahren berufsunfähig werden, dann müssen Sie bis zum Renteneintrittsalter Verluste von mindestens einer Million Euro hinnehmen. Wovon Sie dann Ihren Lebensunterhalt bestreiten wollen, bleibt mehr als fraglich.

Grund 3: Ich erhalte staatliche Leistungen
Seit zehn Jahren ist die Berufsunfähigkeitsversicherung kein Teil mehr des gesetzlichen Schutzes. Die jetzt gezahlte sogenannte Erwerbsminderungsrente ist sehr gering und der Zugang zu ihr so schwierig, dass man mit ihr nicht rechnen sollte. Daher sollten Sie sich privat absichern.

Grund 4: Die Berufsunfähigkeitsversicherung zahlt im Ernstfall nicht
Das stimmt so nicht. Wenn Sie einen Vertrag abschließen, dann sollten Sie bezüglich Ihrer Gesundheit und Ihren Vorerkrankungen korrekte Angaben machen. Ansonsten kann es bei Auszahlung wirklich Probleme geben.

---

http://www.test.de/Berufsunfaehigkeitsversicherung-Die-besten-Angebote-im-Test-4245103-4245970/

Grund 5: Ich werde bestimmt nicht berufsunfähig

Diesen Gedanken haben viele. Trotzdem scheiden 20 Prozent vor dem Renteneintritt aus dem Beruf aus, weil sie ihn aus gesundheitlichen Gründen nicht mehr ausüben können. Meist sind körperliche und seelische Erkrankungen der Berufsunfähigkeitsgrund, selten Arbeitsunfälle.

Grund 6: Ich bin zu alt/Ich bin zu jung

Viele zögern, eine Berufsunfähigkeitsversicherung abzuschließen, weil sie glauben, sie seien zu alt oder zu jung. Zu jung ist eigentlich niemand. Außerdem sind in jungen Jahren die Vorerkrankungen geringer und Sie bekommen eine günstigere Versicherung. Haben Sie wirklich schon schwere Verschleißerscheinungen wie beispielsweise einen Bandscheibenvorfall, dann wird es fast unmöglich, überhaupt noch eine Berufsunfähigkeitsversicherung zu finden, die einen aufnimmt. Wenn ja, dann wird es natürlich teuer.

Die risikoreichsten und risikoärmsten Berufe

In den letzten Jahren hat sich das Risiko, berufs- bzw. erwerbsunfähig zu werden, deutlich reduziert und liegt bei ungefähr 20 Prozent. Ein aktueller Report zeigt auf, welches momentan die gefährlichsten Berufe sind und welches die ungefährlichsten.

Während das Berufsunfähigkeitsrisiko rückläufig ist, kann man aber auch zwei weitere Gefahren ausmachen, die mittlerweile deutlich angestiegen sind:

Einmal die, dass viele junge Menschen schon berufs- und erwerbsunfähig auf den Arbeitsmarkt gelangen und das Risiko, dass der Beruf an Bedeutung verliert und man seine Kenntnisse nicht mehr verkaufen kann.

Die risikoreichsten Berufe

Zu den risikoreichsten Berufen gehören Dachdecker und Gerüstbauer. In diesen Berufsgruppen ging in den vergangenen Jahren mehr als jeder Zweite nicht regulär in den Ruhestand, sondern erhielt eine Erwerbsminderungsrente.

Auch Fleischer, Pflasterer und Estrichleger gehören zu den gefährlichen Berufen.

Platz	Beruf
1	Gerüstbauer
2	Dachdecker
3	Bergleute
4	Pflasterer

Platz	Beruf
5	Fleisch-/Wurstwarenhersteller
6	Estrichleger
7	Fliesenleger
8	Zimmerer
9	Maurer
10	Stuckateure, Verputzer
11	Sprengmeister
12	Isolierer
13	sonstige Bauhilfsarbeiter
14	Bäcker
15	Stauer

Quelle: Versicherungsjournal (siehe Fußnote 4)

Die risikoärmsten Berufe

Zu den risikoärmsten Berufen zählen Physiker, Ärzte, Architekten, Apotheker und Ingenieure. Diese Berufe zeigen auch ein deutliches Beschäftigungswachstum.

Platz	Beruf
1	Physiker
2	Ärzte
3	Maschinenbauingenieure
4	Chemiker
5	sonstige Fertigungsingenieure
6	Rechtsvertreter
7	Tierärzte
8	Elektroingenieure
9	Bergbau-Hütten-Gießerei-Ingenieure
10	Verbandsleiter
11	Apotheker
12	Vermessungsingenieure
13	Architekten

Platz	Beruf
14	Manager, Unternehmer
15	Nautiker, Kapitäne

Quelle: Versicherungsjournal [4]

Die Grundlagen für die Zahlen liefert der Map-Report 781-783. In ihm stehen außer weiteren Tabellen zu den verschiedenen Berufen und zu Kennzahlen der bedeutendsten Berufsunfähigkeits-Versicherer auch Schaubilder zur Entwicklung der Ursachen für Berufsunfähigkeit als auch Versicherungsvorschläge von über 20 Versicherungsanbietern zu ausgewählten Fallbeispielen.

Das Heft kann man zum Preis von 87,50 Euro als Druckausgabe oder für 77,50 Euro als PDF-Datei per Fax unter der Nummer 04139/7019 oder per E-Mail (info@map-report.com) beim Verlag Manfred Poweleit bestellen.

Gelenkserkrankungen und Depressionen führen sehr oft zur Berufsunfähigkeit

Mittlerweile werden die meisten Menschen arbeits- und damit berufsunfähig durch Erkrankungen bzw. Schädigungen des Gelenkapparats und durch seelische Erkrankungen.

Der bekannte Berufsunfähigkeits-Versicherer Swiss Life hat dazu eine Untersuchung veröffentlicht, in der die Erkrankungen aufgeführt sind, die am häufigsten zur Berufsunfähigkeit der Swiss-Life-Versicherten führten.

20 bis 25 Prozent aller Beschäftigten scheiden vor dem Renteneintrittsalter aus dem Berufsleben aus, weil sie wegen körperlicher oder seelischer Gebrechen nicht mehr ihre Arbeit ausüben können. Sehr viele leiden an Schäden des Rückgrats und anderer Gelenke sowie dauerhafter Niedergeschlagenheit.

Fast 30 Prozent aller Berufsunfähigen müssen wegen orthopädischer Erkrankungen frühzeitig das Berufsleben beenden. Knapp dahinter mit 28 Prozent liegen Burnout und Depressionen als Berufsunfähigkeitsgrund.

Die Plätze 3 und 4 belegen Herz-Kreislauf-Erkrankungen mit 11 Prozent und Krebs mit 5 Prozent. Arbeitsunfälle führen dagegen zu weniger Berufsunfähigkeits-Fällen wie vielleicht erwartet.

[4] Link zur Quelle: http://www.versicherungsjournal.de/versicherungen-und-finanzen/die-gefaehrlichsten-und-ungefaehrlichsten-berufe-109472.php

Auch Selbständige und Freiberufler sind durch die oben genannten Krankheitsbilder wie Gelenkverschleiß und Burnout in ihrer beruflichen Tätigkeit gefährdet.

Private Haftpflichtversicherung

Eine der wichtigsten Privatversicherungen ist die private Haftpflichtversicherung. Denn diese bietet Ihnen und Ihrer Familie einen wichtigen Versicherungsschutz, falls Sie unbeabsichtigt einen Schadensfall anrichten, oder eines Ihrer Familienmitglieder.

So etwas wie z. B. das versehentliche Ausschütten eines Rotweinglases auf den Teppich beim Nachbarn ist zwar ärgerlich und vielleicht auch noch nicht allzu kostspielig. Andere Schadensfälle wie das versehentliche Anfahren eines Passanten mit dem Fahrrad kann da schon wesentlich teurer werden, bis hin zur Gefährdung Ihrer finanziellen Existenz, falls Sie keine Privathaftpflicht abgeschlossen haben. Denn Sie haften grundsätzlich für alle Schäden, die Sie Dritten zufügen.

Weitere Leistungen einer Privathaftpflicht

Außerdem übernimmt die private Haftpflichtversicherung nicht nur Schadensforderungen, sondern auch die Abwehr möglicherweise unberechtigter Forderungen gehört zum Leistungsumfang einer Privathaftpflicht, ebenso wie der Versicherungsschutz im Ausland – wenn auch nur in befristeter Form.

Dafür zahlt die Privathaftpflicht nicht

Die Privathaftpflicht bezahlt keine Schäden, die Sie vorsätzlich begangen haben, und Sie übernimmt keine Haftung bei Schäden an geliehenen oder gemieteten Gegenständen, für Bußgelder oder bei Schäden, die durch ein Kraftfahrzeug ausgelöst wurden.

Deckungssumme hoch ansetzen

Es gibt sehr viele Privathaftpflicht-Anbieter auf dem Markt und schon Tarife für weniger als 30 Euro im Jahr. Doch es empfiehlt sich, beim Versicherungsabschluss auf eine möglichst hohe Deckungssumme zu achten. Je höher diese liegt, um so größere Schäden werden von der privaten Haftpflichtversicherung übernommen.

Selbstbeteiligung senkt Versicherungsbeitrag

Wenn Sie bereit sind, sich an einem Schadensfall mit einem bestimmten Betrag selbst zu beteiligen, dann verringert sich der zu zahlende Versicherungsbeitrag.

Ausfalldeckung in den Vertrag mit aufnehmen

Sie sollten auch die Ausfalldeckung mit in Ihren Versicherungsvertrag mit aufnehmen. Unter einer Ausfalldeckung ist in der Haftpflichtversicherung die Absicherung eigener Schadenersatzanforderungen zu verstehen, für den Fall, dass der Schuldige für den von ihm verursachten Schaden finanziell nicht aufkommen kann.

Dies kann beispielsweise der Fall sein, wenn der Schadensverursacher über keine Haftpflichtversicherung verfügt und ihm die finanziellen Mittel fehlen, um den Schaden zu begleichen. Weil nur ungefähr 70 Prozent eine Haftpflichtversicherung abgeschlossen haben, ist die Gefahr, auf den Kosten sitzen zu bleiben, also nicht so gering.

Welche Kosten kommen bei Vertragsabschluss auf Sie zu?

Generell ist eine Privathaftpflicht sehr günstig. Der Jahresbeitrag hängt aber auch davon ab, welchen Versicherungsschutz Sie wählen. Es gibt oft den **Basis-Schutz** und den **Top-Schutz** zur freien Wahl. Beim Top-Schutz ist die Deckungssumme meist deutlich höher angesetzt als beim Basisschutz und es kommen noch weitere Vorteile hinzu wie Schäden bei deliktunfähigen Kindern oder Schäden bei Gefälligkeitshandlungen sowie die Forderungsausfalldeckung.

Auch die **Selbstbeteiligung** senkt den Versicherungsbeitrag. Sind Sie bereit, Schäden bis zum Wert von 150 Euro selbst zu tragen, dann zahlen Sie weniger an Beitrag.

Wenn Sie sich für den Basisschutz bis zu drei Millionen Deckungssumme und für eine Selbstbeteiligung bis zu 150 Euro Schadenssumme entscheiden, zahlen Sie als selbständiger Single ohne Vorschäden aus den vergangenen Jahren ungefähr 33 Euro pro Jahr Versicherungsbeitrag.

Dieser steigt auf ungefähr 50 Euro an, wenn Sie keine Selbstbeteiligung wollen und sich für den Top-Schutz bis zu zehn Millionen Deckungssumme entscheiden.

Als verheirateter Selbständiger mit Basis-Schutz und Selbstbeteiligung liegen Sie ungefähr bei gut 40 Euro Versicherungsbeitrag pro Jahr. Wählen Sie Top-Schutz und keine Selbstbeteiligung, dann zahlen Sie ungefähr 63 Euro jährlich in die private Haftpflicht ein.

Da der Top-Schutz vor allem wegen der Forderungsausfalldeckung zu empfehlen ist, sollten Sie sich für die paar Euro Versicherungsbeitrag mehr im Jahr entscheiden.

Haftpflichtversicherung muss Schäden durch Bürostuhl übernehmen

Wenn ein Mieter in seiner Wohnung mit den Rollen seines Bürostuhls das Parkett beschädigt oder gar zerstört, dann ist die private Haftpflichtversicherung des Mieters verpflichtet, diesen Schaden zu bezahlen.

Die Richter am Landgericht Dortmund haben so entschieden (Az. 2 T 5/10).

Der konkrete Fall sah so aus: Ein Mieter hatte eine private Haftpflichtversicherung abgeschlossen, in der ebenfalls Schäden in gemieteten Wohnräumen abgedeckt waren.

Dennoch wollte der Versicherer den Parkettschaden nicht übernehmen. Darauf reichte der Mieter Klage gegen den Versicherer ein und erhielt Recht.

Aufgrund dieses Urteils kann man aber nicht immer davon ausgehen, dass die Schäden am Parkettboden dem Vermieter über die private Haftpflichtversicherung des Mieters erstattet werden. Schäden durch High Heels beispielsweise hat das Amtsgericht Freiburg als normale Gebrauchsspuren bewertet, die der Vermieter akzeptieren muss (Az. 2 C 3188/90).

Lebensversicherung

Mit einer Lebensversicherung können Sie sich und Ihre Angehörige gegen das Todesfallrisiko absichern. Wenn Sie sterben sollten, wird die vertraglich vereinbarte Versicherungssumme an die bezugsberechtigte Person ausgezahlt.

Sie können eine Lebensversicherung aber auch als Altersvorsorge und für weitere finanzielle Absicherungen nutzen. Gerade Selbständige können sich mit einer Lebensversicherung finanziell absichern und auch ihre Angehörigen im Falle des Todes mit der Auszahlung der Prämie versorgen. Für sie ist besonders die Kapitallebensversicherung geeignet.

Verschiedene Arten von Lebensversicherungen

Hauptsächlich unterscheidet man zwei Arten von Lebensversicherungen: die **Kapitallebensversicherung** und die **Risikolebensversicherung**. Die letztgenannte ist – wie es der Name schon sagt – eine reine Risikoversicherung, die nur den Todesfall der versicherten Person als Risiko versichert. Die Leistung erfolgt nur im Todesfall, daher ist diese Art der Versicherung für die finanzielle Absicherung von Hinterbliebenen geeignet, wenn der Hauptverdiener stirbt. Die Beiträge liegen deutlich niedriger als bei einer Kapitallebensversicherung.

Die Kapitallebensversicherung ist eine Kombination aus kapitalbildender Geldanlage und Risikoversicherung. Sie sichert einmal den Todesfall des Versicherungsnehmers ab, andererseits wird auch Kapital gebildet, das bei Vertragsende ausgezahlt wird. Daher kann diese Art der Lebensversicherung auch sehr gut von Selbständigen für die Absicherung des Rentenalters, d. h. als Altersvorsorge, genutzt werden. Die Höhe der ausgezahlten Versicherungssumme hängt von der Überschussbeteiligung ab, die die Versicherung während der Versicherungszeit erwirtschaftet. Gerade in diesem Punkt gibt es bei den Versicherungsgesellschaften große Unterschiede.

Bei der Kapitallebensversicherung ist es normalerweise auch möglich, statt einer einmaligen Auszahlung der Versicherungssumme eine lebenslange Rentenzahlung zu beantragen.

Versteuerung der Lebensversicherung

Für alle Versicherungsverträge, die ab dem 1. Januar 2005 abgeschlossen wurden, gilt, dass die erwirtschafteten Erträge künftig besteuert werden. Dabei wurde festgelegt, dass bei einer Kapitalauszahlung nach dem vollendeten 60. Lebensjahr Sie 50 Prozent der Erträge nicht zu versteuern brauchen, falls der Versicherungsvertrag mindestens 12 Jahre lief. Leistungen im Todesfall bleiben generell einkommensteuerfrei, werden aber mit der Erbschaftsteuer belastet.

Höhe der Beiträge alters- und geschlechtsabhängig

Die Versicherungsbeiträge hängen vor allem von Alter und Geschlecht ab. Daher sind die Beiträge zur Lebensversicherung für eine Frau meistens auch niedriger als beim Mann. Auch jüngere Versicherungsnehmer müssen geringere Beiträge bei gleicher Leistung zahlen.

Private Rentenversicherung

Da Sie als Selbständiger nicht mehr in der gesetzlichen Rentenversicherung versichert sind, müssen Sie selbst privat für Ihre Rente nach einer entsprechenden Versicherungsmöglichkeit suchen.

Der Versicherungsmarkt der privaten Rentenversicherungsangebote ist groß und für den Laien mehr als unübersichtlich. Außerdem sollten Sie beim Abschluss einer privaten Rentenversicherung ihre eigenen Ansprüche fürs Alter und auch Ihre Familiensituation mit einbringen. Denn jeder hat einen anderen Lebensstandard und beansprucht daher auch jeweils andere Rentenbeträge fürs Alter.

Natürlich sollte der Grundstandard mit der privaten Rentenversicherung erhalten bleiben, denn gewisse Lebenshaltungskosten hat ja jeder zu bezahlen. Außerdem ist für Sie wichtig, ob noch ein Partner von Ihrer Rente leben wird.

Vorteilhaft ist auch, wenn Sie schon relativ früh eine private Rentenversicherung abschließen, denn dann sind die monatlichen Versicherungsbeiträge nicht allzu hoch.

Selbständige können neben der klassischen privaten Rentenversicherung auch eine Rürup-Rentenversicherung abschließen.

Eine private Rentenversicherung gleich welcher Art sollten Sie nicht überstürzt abschließen, sondern sich von einem unabhängigen Versicherungsberater ausführlich informieren lassen.

Die Rürup-Rente als Rentenversicherung für Selbständige

Eine mögliche Altersvorsorge für Selbständige ist die staatlich geförderte Rürup-Rente, die auch als Basisrente geläufig ist und eine kapitalgedeckte Form der Altersvorsorge darstellt. Ab dem 60. Lebensjahr können Sie sich die Rente auszahlen lassen. Allerdings darf der über die Jahre angesparte Geldbetrag nicht auf einmal ausgezahlt werden, weil die Rürup-Rente keine Option des Kapitalwahl-rechts besitzt.

Die Beiträge für die Rürup-Rente können Sie von der Steuer absetzen. Sollten Sie doch irgendwann von Insolvenz bedroht sein, so bleibt das angesparte Kapital unpfändbar. Und auch bei Arbeitslosigkeit und Hartz IV wird das angesparte Vermögen nicht angetastet.

Im Moment können die Beiträge zur Rürup-Rente bis zu einem Betrag von 20.000 Euro bei Alleinstehenden bzw. 40.000 Euro bei Ehepaaren als Sonderausgaben von dem zu versteuernden Einkommen abgezogen werden.

Im Gegensatz zur Riester-Rente bekommen Sie bei einer Rürup-Rente keine staatlich geförderten Zulagen, aber die attraktive Absetzbarkeit von Ihren Einnahmen können Sie auf irgendeine Art und Weise als staatliche Förderung ansehen, denn dadurch vermindert sich Ihr zu versteuerndes Einkommen.

Normalerweise sind die eingezahlten Beträge im Todesfall nicht übertragbar. Wenn Sie aber wollen, dass Ihre Familie etwas abgesichert ist, dann vereinbaren Sie in der Ansparphase eine Beitragsrückgewähr. So erhalten Ihre Angehörigen im Falle Ihres Todes eine kleine Hinterbliebenenrente.

Wenn die Rürup-Rente ausgezahlt wird, müssen die Renten-Leistungen voll besteuert werden. Bis 2020 steigt der steuerpflichtige Prozentsatz jährlich um zwei Prozent, was heißt, dass Menschen, die im Jahr 2011 in Rente gehen, 62 Prozent der Rürup-Rente versteuern müssen, 2012 64 Prozent usw. Ab 2040 werden dann die Leistungen für erstmals ausgezahlte Rürup-Renten voll versteuert.

Verschiedene Produktvarianten der Rürup-Rente

Die Rürup-Rente gibt es in verschiedenen Produktvarianten, so vor allem als sichere Anlage in klassische Rentenversicherungen oder aber mit mehr Rendite, aber auch mit mehr Risiko als fondsgebundene Varianten oder Investment-Produkte.

Ihre eingezahlten Beiträge werden angespart und nicht weitergeleitet in die gesetzliche Rentenkasse. So erhalten Sie auf alle Fälle Ihren angesparten Betrag mit dem Eintritt ins Rentenalter zurück.

Da es bei der Rürup-Rente so viele Varianten und Tarifmodelle gibt, empfiehlt sich eine umfassende Beratung auf jeden Fall.

Die Beiträge für die Rürup-Rente können monatlich, jährlich oder als Einmalbetrag gezahlt werden. Was die Rürup-Rente noch auszeichnet, ist, dass man sie als konventionelle oder fondgebundene Rentenversicherung als auch als Fondssparplan anlegen kann.

Dennoch raten Finanzexperten davon ab, in Fonds zu investieren. Der Grund: Es fallen dabei Kosten für den Fonds selbst und auch Kosten für die Versicherung an. Generell sollte man sich eher für eine konventionelle Rentenversicherung entscheiden. Aber auch in diesem Fall sollte man ein Auge auf die anfallenden Kosten haben, denn in den ersten Jahren werden mit den regelmäßigen Einzahlungen oft nur die recht hohen Vertragskosten gedeckt, sodass viele Versicherungsexperten die Rürup-Rente als teuer einstufen.

Daher ist ein Einholen verschiedener Angebote vor Vertragsabschluss zu empfehlen.

Wenn Sie einen Rürup-Rentenvertrag abschließen wollen, sollten Sie ebenfalls darüber nachdenken, ob Sie einen Vertrag mit oder ohne Beitragsgarantie möchten. Mit einer Garantie sind Ihnen zumindest die Einzahlungen sicher. Ohne Garantie steigen zwar die Ertragsaussichten, genauso aber auch die Verlustrisiken.

Experten raten weiterhin davon ab, die Rürup-Rente mit einer Berufsunfähigkeitsversicherung zu verbinden. Sollten Sie mal wegen eines finanziellen Engpasses keine Beiträge zahlen können, werden die Zahlungen für beide Versicherungen eingestellt, also auch für die Berufsunfähigkeitsversicherung, sodass der Schutz vor Berufsunfähigkeit verloren geht. Ein individuelles Aushandeln der Zahlungseinstellungen für eine bestimmte Versicherung funktioniert leider nicht.

Private Rentenversicherung für Selbständige

Sie ist vor allem denjenigen zu empfehlen, die großen Wert auf individuelle und flexible Vertragsleistungen legen. So können Sie zum Beispiel bestimmen, ob Sie während Ihres Ruhestands eine monatliche Rentenzahlung erhalten oder eine einmalige Auszahlung. Diese Entscheidungsfreiheit bietet die Rürup-Rente ihren Kunden nicht.

Ein weiterer Vorteil der privaten Rentenversicherung sind die verlässlichen Angaben. Sie wissen schon bei Vertragsabschluss, was Sie später an finanziellen Leistungen erwarten können. Außerdem wird Ihnen Ihre monatliche Leibrente so lange gezahlt, solange Sie leben. Der garantierte Mindestzinssatz, den Sie bekommen, liegt bei 2,5 Prozent.

Die privaten Rentenversicherer erzielen währen der Vertragslaufzeit Überschüsse, an denen Sie beteiligt werden. Oft liegt die Rendite bei drei bis vier Prozent. Des Weiteren wird die private Rente während Ihres Ruhestands nur zu 18 Prozent versteuert, ganz gleich wie hoch Ihre weiteren Einkünfte ausfallen.

Beratungsgespräch vor dem Versicherungsabschluss wichtig

Zusätzlich zu einem ausführlichen Beratungsgespräch mit einem Versicherungs-Experten können Sie vorab online einen Rentenversicherungsvergleich stellen, indem Sie eine kostenlose und unverbindliche Anfrage zur privaten Rentenversicherung ausfüllen.

Denn in diesem Versicherungsbereich gibt es so viele Produkte, die auf die unterschiedlichsten Bedürfnisse der Versicherungsnehmer zurechtgeschnitten sind, dass Sie wirklich professionellen Rat benötigen, bevor Sie sich endgültig zu einem Versicherungsabschluss entschließen.

Wissenswertes zur Privaten Rentenversicherung

Erwartete Rentenhöhe:
Bei einer Versicherungszeit von 30 Jahren und einer Rendite von ca. 7 Prozent (bei einer jährlichen Beitragshöhe von 1.200 Euro) kann eine Frau mit knapp 860 Euro Rente im Monat rechnen, ein Mann mit ca. 960 Euro.

Empfehlenswert:
Eine teil- oder volldynamische Rentenzahlung, bei der der Versicherer anfangs eine geringere Rente auszahlt, die im Laufe der Jahre aber kontinuierlich steigt.

Von der häufig angebotenen konstanten Überschussbeteiligung ist abzuraten. Eine gleichbleibende Rente führt zu einem Einkommensverlust, wenn die Kaufkraft durch Inflation gemindert wird.

Wichtige Optionen:
Bei Vertragsbeginn muss der Kunde noch über eine Reihe weiterer Punkte entscheiden. So beispielsweise, ob er ein Kapitalwahlrecht haben will oder nicht. Kapitalwahlrecht heißt, er darf sich am Ende der Einzahlung auch noch für die Auszahlung einer einmaligen Summe statt für eine monatliche Rente entscheiden.

Weil niemand bei Vertragsbeginn weiß, ob er später nicht doch eher eine größere Summe Geldes auf einmal benötigt als eine lebenslange Rente, ist es sinnvoll, sich ein Kapitalwahlrecht zu sichern.

Sinnvoll ist auch die Vereinbarung einer Abruf- oder Aufschuboption. Im ersten Fall kann der Kunde den Rentenbeginn bis zu fünf Jahre vorverlegen, wenn er früher als zunächst geplant aufhören will zu arbeiten. Die Rente fällt dann natürlich niedriger aus. Im zweiten Fall kann er den Rentenbeginn bis zu fünf Jahre hinauszögern. Die Rente erhöht sich dadurch.

Abzuraten ist von einer Dynamisierung des Vertrags. Dabei erhöht sich der Versicherungsbeitrag Jahr für Jahr. Entsprechend steigt die spätere Rentenleistung. Doch der Kunde muss einerseits immer mehr Geld für seine private Altersvorsorge erübrigen. Andererseits sind dynamische Verträge nur schwer durchschaubar. Wie hoch die Rendite letztlich ist, lässt sich nicht mehr nachvollziehen.

Rentengarantiezeit:
Damit die jahrelangen Einzahlungen für mögliche Erben nicht vollständig verloren sind, wenn ein Versicherter kurz nach Beginn seines Ruhestandes stirbt, bieten die Versicherungsgesellschaften sogenannte Rentengarantiezeiten an. Üblich sind 5, 10 oder 15 Jahre.

Wenn ein Kunde nicht mehr lebt, zahlt das Unternehmen die Rente dann mindestens solange, bis die Auszahldauer diese Frist erreicht hat, an dessen Erben weiter aus. Vorteil einer vereinbarten Rentengarantiezeit ist eine minimale

Absicherung auch für Angehörige. Nachteil ist, dass auch der Einschluss dieser Option die Rentenleistung für den Versicherten reduziert.

Kündigung der Versicherung:
Vor allem bei einer Kündigung in den ersten Jahren erhält der Versicherte fast nichts von seinem eingezahlten Geld zurück. Auch bei einem Ausstieg nach 10 oder 20 Jahren wird einem Kunden meistens gerade mal die vereinbarte Todesfallleistung erstattet.

Beitragsfreistellung:
Da der Versicherte bei Vertragskündigung nur einen geringen Betrag ausgezahlt bekommt, sollte er die Beitragsfreistellung wählen, wenn er die monatlichen Versicherungsbeiträge nicht mehr zahlen kann. Als Folge wird die Versicherung eingefroren. Werden später Rentenzahlungen von der Versicherung geleistet, fallen diese natürlich deutlich geringer aus. Der Versicherte kann sich bei Kapitalwahlrecht auch dafür entscheiden, dass beim Eintritt in den Rentenbezug ein einmaliger Betrag ausgezahlt wird.

Kündigung der Versicherung und Beitragsfreistellung bringen Versicherten große finanzielle Verluste.

Ab 2013 Altersvorsorge-Pflicht für Selbständige?

Nach den Plänen der Bundesregierung sollen Selbständige ab 2013 in die Pflicht genommen werden, was deren Altersvorsorge angeht. Diese angestrebte Neuerung ist schon seit längerem bekannt und wird nun in ihren Regelungen allmählich konkret.

Als Hauptgrund für die geplante Altersvorsorgepflicht von Selbständigen wird die Altersarmut angegeben, da viele Selbständige sich um ihre Absicherung im Alter nicht ausreichend kümmern und so im Rentenalter oft zum Sozialfall werden. Vor allem Kleinst-Betriebe wie Ein-Mann-Unternehmen sind von dieser Gefahr betroffen.

Wann die Regelung in Kraft tritt, wird in den meisten Pressemitteilungen nicht genau genannt, wahrscheinlich ist der 1. Juli 2013.

Wer als Selbständiger bis zu diesem Zeitpunkt keine finanzielle Vorsorge getroffen hat, sei es mit dem Abschluss einer Rürup-Rente, einer privaten Renten- oder Lebensversicherung, soll dazu verpflichtet werden, in die gesetzliche Rentenversicherung monatliche Beiträge einzuzahlen.

Junge Selbständige unter 30 Jahren am stärksten belastet

Wer bei Inkrafttreten des Gesetzes jünger als 30 Jahre ist, eine selbständige Tätigkeit ausübt oder demnächst ausüben wird, soll einen einkommensunabhängigen Betrag von 250 bis 350 Euro pro Monat in die gesetzliche Rentenversicherung einzahlen, plus 100 Euro für eine Absicherung gegen Erwerbsminderung.

Für selbständig Tätige zwischen 30 und 50 Jahren soll eine abgeschwächte Regelung geplant sein. Von der Vorsorgepflicht ausgenommen werden Selbständige, die weniger als 400 Euro pro Monat verdienen.

Freiberufler wie Ärzte, Architekten und Rechtsanwälte, die in ihren berufsständischen Versorgungswerken versichert sind, und auch Mitglieder der Künstlersozialkasse seien von den neuen Regelungen nicht betroffen.

Zusatzrente oberhalb des Grundsicherungsbetrags

Mit den Renten-Beiträgen von ca. 400 Euro monatlich sollen Selbständige Ansprüche auf eine Zusatzrente erwerben, die oberhalb der Grundsicherung von (momentan) 700 Euro liegt. Um diese Rentenhöhe zu erreichen, sind allerdings 45 Einzahlungsjahre in die gesetzliche Rentenversicherung erforderlich. [5]

Generell ist eine Versicherungspflicht für Selbständige für ihre Altersvorsorge auf den ersten Blick nicht verwerflich, denn wirklich viele tun in diesem Bereich nichts, teils weil sie zu leichtfertig sind, teils auch weil das Geld für solche Ausgaben nicht vorhanden ist.

Allerdings sollten die Politiker den Betroffenen mehrere Alternativen für die private Altersvorsorge anbieten und sie nicht per Gesetz in die private oder gesetzliche Rentenversicherung drängen.

Außerdem wäre die bessere Alternative für eine Altersvorsorge-Pflichtversicherung steuerliche Förderungen oder Entlastungen der Selbständigen, damit mehr Geld für die private Vorsorge übrig bleibt.

[5] Zahlen und Informationen zu der geplanten Altersvorsorge-Pflicht für Selbständige gefunden auf: http://www.spiegel.de/wirtschaft/soziales/von-der-leyen-will-selbstaendige-zu-altersvorsorge-zwingen-a-822670.html

Private Unfallversicherung

Auch wenn man nicht gern Gedanken an einen möglichen Unfall verschwendet, so sollte man sich vor dieser eventuell eintretenden Situation absichern, um nicht vor dem finanziellen Ruin zu stehen.

8 Millionen Unfälle passieren in Deutschland pro Jahr, wovon zwei Drittel sich in der Freizeit, beim Sport, Zuhause oder im Urlaub ereignen.

Gerade für Selbständige und Freiberufler kommt noch ein weiteres Risiko hinzu: Der Weg zur Arbeit und wieder nach Hause. Arbeitnehmer sind bei einem solchen Unfall über die gesetzliche Unfallversicherung geschützt, Selbständige nicht. Dennoch passieren die meisten Unfälle nicht im Beruf, sondern in der Freizeit, vor allem wenn Sie in der freien Zeit sportlich aktiv sind und risikoreiche Sportarten betreiben. Doch zuerst zur Unfalldefinition.

Was genau ist unter einem Unfall zu verstehen?

Definition: *Die private Unfallversicherung definiert einen Unfall folgendermaßen, dass der Versicherte durch ein plötzlich von außen auf seinen Körper einwirkendes Ereignis unfreiwillig eine Gesundheitsschädigung erleidet (das sogenannte Unfallereignis).*
Ein Unfall kann aber auch dann vorliegen, wenn durch eine verstärkte Kraftanstrengung an Armen, Beinen oder Wirbelsäule ein Gelenk verrenkt wird oder Muskeln, Sehnen, Bänder oder Kapseln gezerrt oder zerrissen werden.[6]

Leistungsumfang der privaten Unfallversicherung

Die Unfallversicherung bietet je nach ausgewähltem Tarif auch Leistungen im Falle einer Invalidität und des Todes. Dazu gehören Krankenhaustagegeld, kosmetische Operationen, lebenslange Rentenzahlungen, Übergangsleistungen als auch Sofortleistungen bei schweren Verletzungen.

Der Versicherungsschutz der privaten Unfallversicherung gilt weltweit und rund um die Uhr, auf der Arbeit als auch in der Freizeit.

Welche Unfälle deckt die Unfallversicherung nicht ab?

Nicht versichert sind bedingungsgemäß Unfälle infolge von Geistes- oder Bewusstseinsstörungen (auch Trunkenheit), vorsätzlich ausgeführte oder versuchte Straftaten, Kriegs- oder Bürgerkriegsereignisse, Kernenergie, das Führen von Luftfahrzeugen, Auto-, Motorrad- oder Motorbootrennen. Weiterhin sind ebenfalls nicht versichert: Schädigungen an Bandscheiben sowie Blutungen aus inneren

---

[6] Unfalldefinition: http://www.ra-buechner.de/schwerpunkte/S30-Arbeitsunfall_Wegeunfall_Berufskrankheit-Rechtsanwalt_Anwalt_Berlin.php

Organen und Gehirnblutungen, sofern diese nicht auf einen Unfall zurückzuführen sind, Gesundheitsschäden durch Strahlen und Infektionen sowie Vergiftungen (nicht Verätzungen) durch Einnahme fester oder flüssiger Stoffe (außer bei Kindern bis zum 10. Lebensjahr).

Auch krankhafte Störungen infolge psychischer Reaktionen, auch wenn diese durch einen Unfall verursacht wurden sowie Bauch- und Unterleibsbrüche sind ausgeschlossen.

Wie hoch sollte die Versicherungssumme sein?

Entscheidend für eine umfassende Unfallversicherung ist die Versicherungssumme. Da Sie auch damit rechnen sollten, dass Sie Ihr Haus behindertengerecht umbauen müssen, empfehlen Versicherungsexperten, sich mit mindestens 100.000 Euro abzusichern.

Oder Sie berechnen Ihre persönliche Versicherungssumme, indem Sie Ihr Bruttojahreseinkommen mal drei nehmen. Dieser Betrag sollte dann wirklich ausreichen, um Lebenshaltungskosten, Verdienstausfälle und Umbaukosten am Haus über einen bestimmten Zeitraum abzudecken.

Darüber hinaus sollten Sie auch eine Progression für den Invaliditätsfall vereinbaren. Das heißt, wenn Sie eine Progression von 300 oder 500 Prozent festlegen, dann steigt die Auszahlungssumme statt auf 100.000 Euro auf 300.000 oder gar 500.000 Euro an.

Wann werden Leistungen gezahlt?

Versicherungsleistungen werden dann ausgezahlt, wenn Ihre Invalidität innerhalb eines Jahres nach dem Unfall eingetreten ist und spätestens nach Fristablauf von drei Monaten von einem Arzt festgestellt und geltend gemacht wurde. Dieser legt auch den Grad der Invalidität fest.

Freiwillige Arbeitslosenversicherung bzw. Antragspflichtversicherung

Die Bundesagentur für Arbeit ermöglicht es Existenzgründern, sich als Selbständige freiwillig in der Arbeitslosenversicherung weiter zu versichern. Seit Anfang 2011 heißt diese Versicherung nun offiziell Antragspflichtversicherung.

Diese freiwillige Weiterversicherung bietet einem bei einem eventuellen Scheitern der selbständigen Tätigkeit eine kleine finanzielle Absicherung, denn man erwirbt Anspruch auf die Zahlung von ALG I. Die Bezugsdauer des Arbeitslosengeld I richtet sich danach, wie lange Sie in den zwei Jahren vor Ihrer Arbeitslosigkeit in die Arbeitslosenversicherung eingezahlt haben.

Allerdings müssen Sie bestimmte Bedingungen erfüllen, um sich in der Arbeitslosenversicherung weiter versichern zu können:

1. Selbständige müssen vor Aufnahme ihrer Tätigkeit innerhalb der letzten zwei Jahre mindestens ein Jahr in einem Versicherungspflichtverhältnis nach dem SGB III (also beispielsweise als Arbeitnehmer, versicherungspflichtiger Krankengeldbezug oder versicherungspflichtige Erziehungszeiten) gestanden haben.

Dabei ist es nicht notwendig, dass Sie durchgehend in diesem Versicherungspflichtverhältnis waren, es können auch verschiedene Versicherungszeiten zusammenaddiert werden. Auch Phasen der freiwilligen Weiterversicherung finden Berücksichtigung.

2. Sie müssen unmittelbar vor Aufnahme Ihrer selbständigen Tätigkeit eine Entgeltersatzleistung wie ALG I bezogen haben. Dabei spielt die Bezugsdauer keine Rolle.

Antragstellung

Sie stellen Ihren Antrag auf freiwillige Weiterversicherung in der Arbeitslosenversicherung bei der Arbeitsagentur in Ihrem Wohnort innerhalb der ersten drei Monate Ihrer Selbständigkeit. Die selbständige Tätigkeit muss mindestens 15 Stunden in der Woche einnehmen.

Monatliche Beitragshöhe der Arbeitslosenversicherung

Seit 2011 zahlen Sie als Selbständiger in Westdeutschland gut 38,33 Euro monatlich, Ostdeutsche gut 33,60 Euro. Diese Beiträge werden sich ab 2012 nochmals verdoppeln, sodass Selbständige im Westen gut 78 Euro zahlen, Selbständige im Osten Deutschlands fast 68 Euro.

Nachteil der Versicherung: Sie müssen mindestens fünf Jahre in dieser Versicherung bleiben und können dann mit einer dreimonatigen Kündigungsfrist austreten.

Eintreten der Arbeitslosigkeit

Falls Sie sich bei Scheitern Ihrer Selbständigkeit wieder arbeitssuchend melden, können Sie die Leistungen der Arbeitslosenversicherung in Anspruch nehmen, wenn die üblichen Voraussetzungen für den Bezug vorliegen. Sie dürfen bis zu 165 Euro zu Ihrem Arbeitslosengeld hinzuverdienen, was darüber liegt, wird vom Arbeitslosengeld abgezogen.

Außerdem müssen Sie als ALG I-Bezieher alle Möglichkeiten nutzen, um wieder Arbeit zu finden und auch jede zumutbare Tätigkeit annehmen, die Ihnen die Arbeitsagentur anbietet.

Die Höhe von ALG I richtet sich nach einem fiktiven Arbeitsentgelt und hängt auch von der Qualifikation des Arbeitssuchenden ab.

Außerdem können Sie auch Restansprüche geltend machen, falls seit der erstmaligen Entstehung dieses Anspruchs keine vier Jahre vergangen sind. Wenn Sie bei Eintritt in die Selbständigkeit noch Anspruch auf ALG I hatten, dann wird diese Zeit auf Ihren neu erworbenen Bezugsanspruch aufgerechnet.

Antragspflichtversicherung - Pro und Kontra für Existenzgründer

Auf den ersten Blick ist die freiwillige Arbeitslosenversicherung bzw. Antragspflichtversicherung eine interessante Option für Existenzgründer, denn diese Absicherung lässt noch junge Selbständige etwas ruhiger an ihr großes Projekt „Eigene berufliche Existenz aufbauen“ herangehen.

Dennoch sollten man sich mittlerweile ausreichend Gedanken machen, ob man sich freiwillig weiterversichern sollte.

Da die Versicherungsbedingungen sich seit 2012 deutlich verschärft haben, ist es schwer, einen Rat für oder gegen die Antragspflichtversicherung auszusprechen. Letztendlich muss es jeder Existenzgründer mit sich selbst ausmachen, ob er sich auf diese Art und Weise bei seinem Scheitern absichern will.

Kontra Antragspflichtversicherung

Die wesentlichen ungünstigen Entwicklungen der Antragspflichtversicherung sind einmal der deutliche Anstieg des monatlichen Versicherungsbeitrags: Im Jahr 2012 liegt er im Westen Deutschlands bei 78,75 Euro monatlich, im Osten bei gut 67,20 Euro.

Außerdem müssen Sie ab 2012 mindestens fünf Jahre in dieser Versicherung bleiben. Zumindest sieht es nach den aktuellen Regelungen so aus. Ob demnächst in dieser Beziehung eine Änderung eintritt, weiß noch niemand.

Gerade wer am Anfang seiner Selbständigkeit noch keine dauerhaften Einnahmen erzielt, der wird sich wahrscheinlich mehrmals überlegen, ob er die 67,20 bzw. 78,75 Euro über einen Zeitraum von fünf Jahren zahlen kann oder will. Meistens zeigt es sich ja nach drei Jahren, ob man auf dem Markt bestehen kann und so wird die Arbeitslosenversicherung spätestens dann uninteressant, sodass man zu diesem Zeitpunkt gerne aussteigen und sich die Versicherungsbeiträge sparen würde. Das geht nun nicht mehr.

Pro Antragspflichtversicherung

Auf der anderen Seite - sollte man als Selbständiger wirklich scheitern - hat man Anspruch auf zumindest sechs Monate Arbeitslosengeld (ALG I), dessen Höhe sich nach einem fiktiven Arbeitsentgelt richtet. Die Höhe des fiktiven Arbeitsentgelts ist u. a. von der Beschäftigung, auf die sich die Vermittlungsbemühungen der Bundesagentur für Arbeit für den Arbeitslosen richten, und der für die Ausübung dieser Beschäftigung erforderlichen Qualifikation abhängig.

Wenn Sie nicht freiwillig arbeitslosenversichert sind und Ihre Selbständigkeit scheitert, können Sie nur ALG II (Hartz IV) geltend machen. Also auch keine gute Alternative.

Warum sind die Beiträge in den letzten Jahren so deutlich gestiegen?

Die Beiträge zur Arbeitslosenversicherung werden auf Grundlage einer monatlichen Bezugsgröße berechnet, die jährlich neu festgelegt wird.

Diese Bezugsgröße entspricht ungefähr dem Durchschnittseinkommen aller Beschäftigten. Im Jahr 2012 liegt die Bezugsgröße in den alten Bundesländern bei 2.625 Euro, in den neuen Bundesländern bei 2.240 Euro.

Für Selbständige wird der Beitrag nun auf Grundlage der vollen Bezugsgröße berechnet, in den Jahren zuvor waren es nur 25 Prozent, im vergangenen Jahr schon 50 Prozent. Drei Prozent von dieser Bezugsgröße müssen Selbständige als Versicherungsbeitrag zahlen. Diese Beitragshöhe zahlt auch ein Arbeitnehmer. Aus Gründen der Gerechtigkeit wurde deshalb auch der Beitrag der Selbständigen angepasst.

Fiktive Gehaltseinstufungen bei Arbeitslosigkeit

Wird ein Selbständiger (der freiwillig arbeitslosenversichert war) arbeitslos, hat er Anspruch auf Arbeitslosengeld. Dabei wird er zunächst in eine fiktive Gehaltsstufe eingeordnet, die sich nach der jeweiligen beruflichen Qualifikation richtet.

Generell sehen die ALG I-Zahlungen folgendermaßen aus:

Höhe des monatlichen Arbeitslosengeld I nach fiktiver Einstufung für freiwillige Versicherte in 2012*							
	Steuer-klasse I/IV		**Steuer-klasse II**		**Steuer-klasse III**		**Steuer-klasse V**
Berufliche Qualifikation**	ohne Kind	mit Kind	mit Kind	ohne Kind	mit Kind	ohne Kind	mit Kind
Alte Bundesländer							
Ohne Berufsausbildung	669,00	747,00	767,70	746,40	833,40	550,50	614,70
Ausbildungsberuf	839,70	937,80	958,50	962,40	1.074,60	693,30	774,00
Meister	1.005,90	1.123,20	1.146,00	1.149,30	1.283,40	828,30	924,90
Uni/Fachhochschule	1.164,90	1.300,80	1.325,70	1.320,00	1.473,90	956,10	1.067,40
Neue Bundesländer							
Ohne Berufsausbildung	595,50	664,80	680,10	636,90	711,30	497,40	550,30
Ausbildungsberuf	738,90	825,00	845,10	842,10	940,20	607,20	678,30
Meister	885,00	988,20	1.009,80	1.014,00	1.132,50	731,10	816,60
Uni/Fachhochschule	1.025,40	1.144,80	1.167,90	1.169,40	1.305,60	843,60	942,00

** Zugrunde gelegt wurden die Bezugsgrößen des Jahres 2012 und der Arbeitslosengeld-Rechner der Bundesagentur für Arbeit für 2011*

*** berufliche Qualifikation, die für die Tätigkeit erforderlich ist, in die vermittelt wird*[7]

Wie aus der Tabelle ersichtlich ist, erhalten arbeitslose Selbständige mit Uni- oder Fachhochschulabschluss den höchsten ALG I-Betrag, Geringqualifizierte bekommen nur gut die Hälfte, obwohl sie ja denselben Versicherungsbeitrag zahlen.

Daraus lässt sich ableiten, dass sich die freiwillige Arbeitslosenversicherung - auch wenn sie jetzt deutlich teurer geworden ist - vor allem für Selbständige mit höherem Bildungsabschluss weiterhin lohnt.

Und auch für Selbständige über 50 ist es empfehlenswert, in der Arbeitslosen-versicherung zu bleiben, weil sie im Falle der Arbeitslosigkeit ein paar Monate mehr ALG I-Zahlungen erhalten.

---

[7] Tabelle entnommen von: http://www.ihre-vorsorge.de/magazin/aktuell-beleuchtet/freiwillige-arbeitslosenversicherung.html

Gering Qualifizierte sollten sich die Sache genau überlegen, denn die Leistungen für sie sind so niedrig, dass sie oft noch mit Hartz IV aufstocken müssen, um sich den Lebensunterhalt sichern zu können. Daher ist für diese Berufsgruppe die freiwillige Arbeitslosenversicherung am wenigsten zu empfehlen.

Wann ist man als Selbständiger arbeitslos?

Wann man als Selbständiger arbeitslos ist, lässt sich nicht so einfach definieren. Grundsätzlich gilt, dass ein Selbständiger ohne Arbeit ist, wenn die selbständige Tätigkeit so schlecht läuft, dass diese weniger als 15 Stunden pro Woche in Anspruch nimmt. Dann kann man sich als arbeitslos bzw. arbeitssuchend melden.

Die selbständige Tätigkeit können Sie weiterhin als Nebeneinkommen weiterführen, allerdings dürfen Sie nicht mehr als 165 Euro Gewinn erzielen. Ein höherer Betrag wird dann auf das ALG I angerechnet.

Freiwillige Arbeitslosenversicherung: Zahlungsverzug bedeutet Verlust des Versicherungsschutzes

In einem Urteil vom vergangenen Jahr hat das Bundessozialgericht bestätigt, dass ein Selbständiger automatisch aus der freiwilligen Arbeitslosenversicherung ausscheidet, falls die letzte Beitragszahlung zur Versicherung drei Monate zurückliegt.

In einem konkreten Fall hatte eine Selbständige ihre Versicherungsbeiträge monatlich gezahlt bis April 2007. Daraufhin stellte sie weitere Zahlungen ein. Im September 2007 bekräftigte die Arbeitslosenversicherung das Ende des Versicherungsverhältnisses und zwar rückwirkend zum 30. April 2007, dem Monat, in dem die letzte Beitragszahlung erfolgte.

Schon im Bescheid der freiwilligen Arbeitslosenversicherung wurde die Selbständige informiert, dass bei Zahlungseinstellung bzw. -verzug das Versicherungsverhältnis beendet wird und kein Versicherungsschutz mehr besteht.

Ende Oktober 2007 zahlte die Frau die ausstehenden Beiträge von Mai bis Oktober 2007, was aber nichts mehr nutzte. Ebenfalls blieb die Klage vor Gericht auf Versicherungsweiterführung erfolglos. Das Bundessozialgericht sah an der Vorgehensweise der Arbeitslosenversicherung keine Beanstandung und bestätigte, dass die Versicherung kein Mahnungsschreiben versenden muss, um auf den bevorstehenden Ausschluss aus der Versicherung hinzuweisen. Schließlich stand diese Information schon im Versicherungsbescheid.

Durch die nachträglichen Zahlungen wurde der Versicherungsausschluss nicht mehr aufgehoben. (BSG, Urteil vom 30.3.2011, B 12 AL 2/09R, DB 2012 S. 104)

Man sollte also immer daran denken, den Versicherungsbeitrag rechtzeitig zu überweisen. Empfehlenswert ist es daher, einen Dauerauftrag bei der Bank einzurichten.

Weitere Beiträge zu privaten Versicherungen

Welche Versicherungen brauchen Existenzgründer?

Welche Versicherungen benötigen Existenzgründer? Am Anfang seiner Selbständigkeit ist man in den meisten Fällen finanziell noch nicht abgesichert, da die Einnahmen sehr unregelmäßig sind.

Daher kann man sich auch noch nicht die Versicherungsbasis schaffen, die man als Selbständiger eigentlich benötigt.

In dieser Phase sollten Sie sich nur die wichtigsten Versicherungen zulegen.

Wichtige Versicherungen für Existenzgründer

Unter diesem Punkt finden Sie all die Versicherungen, die Sie auf alle Fälle brauchen, um bestmöglich in der Anfangszeit Ihrer selbständigen Tätigkeit abgesichert zu sein. Dazu gehören auch Pflichtversicherungen, wie die Krankenversicherung.

1. Krankenversicherung
Ohne Krankenversicherung geht in Deutschland nichts mehr, d. h. Sie müssen sich krankenversichern, auch wenn Sie vielleicht noch sehr jung sind und über eine stabile körperliche Konstitution verfügen. Sie können sich aber entscheiden, wo Sie sich versichern: in einer der gesetzlichen Krankenversicherungen oder in einer privaten Krankenversicherung.

Sowohl die eine als auch die andere Option hat ihre Vor- und Nachteile. Beziehen Sie Gründungszuschuss, dann profitieren Sie am Anfang von einer verminderten Beitragsbemessungsgrenze in der gesetzlichen Krankenversicherung, danach wird diese deutlich teurer.

Aber auch die private Krankenversicherung hat Nachteile. Denn Sie können diese Krankenversicherung nur noch unter erschwerten Bedingungen verlassen, oder vielleicht gar nicht mehr. Die private Krankenversicherung hat die Tendenz, die Beiträge mit steigendem Lebensalter deutlich anzuheben.

Zu den Selbständigen gehören auch künstlerisch schaffende Menschen sowie Publizisten.

Für diesen Personenkreis gibt es, gerade was die Kranken- und Rentenversicherung angeht, eine besondere Absicherung, die sogenannte **Künstlersozialversicherung**. Diese ist für Künstler und Publizisten Pflicht, das heißt, sie müssen sich dort krankenversichern.

Künstlersozialversicherung - die „soziale Absicherung“ der Künstler

Durch die Künstlersozialversicherung sind Künstler wie Arbeitnehmer abgesichert, mit einer kleinen Ausnahme: Sie können keine Leistungen der Arbeitslosenversicherung und der Unfallversicherung beanspruchen. Es gibt aber auch die Möglichkeit, sich privat krankenversichern zu lassen, und zwar unter der Bedingung, dass man zu den Besserverdienenden zählt oder Berufsanfänger ist.

2. Berufsunfähigkeitsversicherung

Diese Versicherung ist auch sehr wichtig, doch nur wenige Existenzgründer schließen sie ab, weil sie einmal denken, sie brauchen sie nicht oder weil sie sich nur damit unnötige Kosten aufhalsen.

Doch wenn Sie wirklich berufsunfähig werden, gibt es vom Staat so gut wie nichts mehr und Sie müssen sich mit Hartz IV begnügen. Die Berufsunfähigkeitsversicherung sorgt dafür, dass Sie bei Erwerbsunfähigkeit eine lebenslange Rente ausgezahlt bekommen. Aber auch hier sollten Sie sich ausführlich beraten lassen und auf bestimmte Klauseln achten, wie das abstrakte Verweisungsrecht.

3. Private Haftpflichtversicherung

Wenn Sie anderen einen Schaden zufügen, haften Sie grundsätzlich in unbegrenzter Höhe. Ganz schlimm wird es, wenn Sie einen Menschen schädigen und keine private Haftpflicht besitzen. Diese Versicherung ist meist sehr günstig und kann Ihre Existenz sichern.

4. Private Altersvorsorge

Denken Sie auch daran, dass Sie irgendwann in den wohlverdienten Ruhestand gehen wollen. Daher sollten Sie relativ früh anfangen, eine private Rentenversicherung abzuschließen. Denn je älter Sie werden, desto mehr müssen Sie einzahlen. Und sind Sie schon über 55 Jahre, dann lohnt es sich nicht mehr, überhaupt eine solche Versicherung abzuschließen, weil die Beiträge höher sind als der später ausbezahlte Rentenbetrag.

Es gibt sehr viele unterschiedliche Produkte zur privaten Altersvorsorge auf dem Markt. Lassen Sie sich hierzu ausgiebig beraten.

5. Lebensversicherung

Bei der Lebensversicherung unterscheidet man in kapitalbildende Lebensversicherung und Risiko-Lebensversicherung.

Die kapitalbildende ist deutlich teurer, da Sie außer der finanziellen Absicherung Ihrer Familie im Todesfall noch eine Auszahlung der Versicherungssumme bekommen, wenn Sie nach Ablauf der Lebensversicherung noch am Leben sind. Die Art der Lebensversicherung ist auch eine Möglichkeit, für das Alter vorzusorgen, also eine Art privater Rentenversicherung.

Mit der Risiko-Lebensversicherung sichern Sie im Todesfall Ihre Hinterbliebenen finanziell ab. Sterben Sie während der Versicherungszeit nicht, erhalten Sie das Geld nicht zurück. Daher sind die Beiträge aber auch sehr niedrig.

Diese Versicherung ist also hauptsächlich für die wichtig, die eine Familie haben und diese absichern wollen. Ob man eine kapitalbildende Lebensversicherung für die private Altersvorsorge benötigt, sollten Sie in einem Beratungsgespräch mit einem unabhängigen Versicherungsberater klären.

Optionale Versicherungen für Existenzgründer

Diese Versicherungen sind manchmal notwendig, manchmal auch nicht. Es kommt vor allem darauf an, welche selbständige Tätigkeit Sie ausführen.

1. Betriebshaftpflichtversicherung
Gerade für diejenigen, die einen Betrieb und mehrere Mitarbeiter haben, ist die Betriebshaftpflicht wichtig. Denn sie sichert den Betriebsinhaber vor Haftansprüchen ab, die durch Schäden von Mitarbeitern und die berufliche Tätigkeit verursacht wurden. Für manche ist diese Versicherung sogar eine Pflichtversicherung.

2. Rechtsschutzversicherung
Ist Ihre berufliche Tätigkeit auf den Kontakt mit Kunden und anderen Firmen ausgerichtet, sollten Sie über eine Rechtsschutzversicherung nachdenken. Geraten Sie in eine rechtliche Auseinandersetzung mit einem Kunden oder einer Firma, werden Ihnen die Anwaltskosten erstattet.

3. Krankenhaustagegeld-Versicherung
Die Krankenhaustagegeld-Versicherung zahlt nach einem von Ihnen und der Versicherung festgelegten Zeitraum täglich einen Betrag, solange Sie im Krankenhaus liegen. Da Sie in dieser Zeit nicht arbeiten können und somit keine Einnahmen erzielen, ist diese Versicherung recht sinnvoll.

4. Krankentagegeld-Versicherung
Die Krankentagegeld-Versicherung zahlt Ihnen einen täglichen Betrag, wenn Sie krank sind, auch wenn Sie nicht im Krankenhaus liegen. Meist beginnt die Zahlung nach einer bestimmten Zeit, wie auch bei den Angestellten. Je eher Sie das Krankentagegeld haben wollen, desto teurer wird die Versicherung.

5. Unfallversicherung
Eine Unfallversicherung zahlt Ihnen Leistungen, wenn Sie einen Unfall zuhause, auf der Arbeit oder in der Freizeit hatten. Auch so ein Ereignis kann Ihre Arbeitskraft für mehrere Wochen lahmlegen und Sie benötigen finanzielle Unterstützung. Daher ist eine Unfallversicherung eine relativ wichtige Versicherung.

6. Arbeitslosenversicherung
Auch Selbständige können sich gegen Arbeitslosigkeit versichern. Die genauen

Bedingungen finden Sie im Kapitel „Freiwillige Arbeitslosenversicherung“. Die Bedingungen haben sich durch die letzten Gesetzesänderungen zwar verschlechtert, aber die Idee ist immer noch gut. Schätzen Sie am besten vorher das Risiko des Scheiterns Ihrer Existenzgründung gründlich ab.

Befolgen Sie folgende Ratschläge, um möglichst gut und möglichst günstig in der Anfangszeit Ihrer Selbständigkeit abgesichert zu sein:

Schwerpunkte setzen: Die weiteren wichtigen Versicherungen sind eine private Haftpflichtversicherung, die meistens sehr günstige Tarife hat, eine private Rentenversicherung für die finanzielle Absicherung im Alter und eine Berufsunfähigkeitsversicherung, falls Sie irgendwann nicht mehr arbeitsfähig sein sollten. Überlegen Sie, welche Risiken bei Ihnen besonders groß sind, gegen die Sie sich absichern sollten.

Verschiedene Angebote vergleichen: Versicherungen unterscheiden sich bei Leistungen, Bedingungen und Tarifen. Daher sollten Sie nicht gleich die erstbeste Versicherung abschließen, sondern mehrere Angebote einholen und vergleichen. Das ist zwar zeitaufwändig, aber letztendlich kann der Vergleich Ihnen viel Geld sparen.

Welche Leistungen sind für Sie wichtig, welche weniger? Nicht benötigte Leistungen sollten Sie auch nicht mit in die Versicherungspolice aufnehmen, denn das schlägt sich auf die Versicherungspreise nieder.

Beratung suchen: Gerade „große“ Versicherungen wie die private Rentenversicherung oder Berufsunfähigkeitsversicherung sollte man nicht spontan abschließen. Lassen Sie sich nach den ersten Angeboten besser von einem unabhängigen Versicherungsmakler beraten, damit Sie das bestmögliche für sich aus den Versicherungen und Versicherungsleistungen herausholen.

Private oder gesetzliche Krankenversicherung: Sind Sie in der gesetzlichen Krankenversicherung versichert, dann sollten Sie nicht gleich in der ersten Phase der Selbständigkeit einen Wechsel in die private Krankenversicherung planen, es sei denn, Sie verdienen wirklich sehr gut und die Einnahmen sind stabil. Auch wenn die private Krankenversicherung mit günstigen Einsteigertarifen locken, so günstig bleiben sie meistens nicht und ein Wechsel in die gesetzliche Krankenversicherung ist dann kaum mehr möglich.

Gesetzliche Rentenversicherung: Auch hier sollten Sie vorher abwägen, ob Sie weiter in die gesetzliche Rentenversicherung als Selbständiger einzahlen wollen oder nicht. Waren Sie viele Jahre als Angestellte/r tätig und haben damit schon einige Zeit Beiträge in die gesetzliche Rentenversicherung gezahlt, dann sollten Sie sich mit dem Rententräger in Verbindung setzen und auch deren Argumente in Ihre Entscheidung mit einbeziehen. Denn verlassen Sie die gesetzliche Rentenversicherung, können Sie Ihre erworbenen Anwartschaften verlieren.

Lange Vertragslaufzeiten vermeiden: Lange Vertragslaufzeiten sollten Sie möglichst umgehen. Außer bei der Lebens- und Berufsunfähigkeitsversicherung, die natürlich lange Laufzeiten haben, sollten die anderen Versicherungen nur eine Laufzeit von einem Jahr haben. Denn entdecken Sie irgendwann ein günstigeres Versicherungsangebot, haben Sie bei langen Laufzeiten keine Chance, die Versicherung zu wechseln.

Auf korrekte Antragstellung achten: Wenn Sie den Vertrag ausfüllen, achten Sie darauf, alle Felder auszufüllen. Fehlende Angaben können sich zu Ihrem Nachteil entwickeln. Sie müssen für alle fehlenden oder falschen Angaben selbst haften. Außerdem kann bei Unwahrheit die Versicherungsleistung ausfallen.

Fazit: Neben den hier genannten Versicherungen gibt es noch viele andere. Manche sind sehr speziell und nicht für die Allgemeinheit der Existenzgründer wichtig.

Entscheidend ist, sich vor den jeweiligen Versicherungsabschlüssen von einem neutralen Berater Informationen zu holen und sich erst dann zu entscheiden.

Mit der Pflegeversicherung sich fürs Alter absichern

Zwar sind wir alle pflichtpflegeversichert und erhalten im Fall der Pflegebedürftigkeit im Alter entsprechende Leistungen aus der gesetzlichen Pflegeversicherung. Die Leistungshöhe hängt dabei von dem Grad der Pflegebedürftigkeit ab.

Es gibt drei Pflegestufen, in der ersten zahlt die Pflegeversicherung bis zu 450 Euro, in der zweiten bis zu 1.100 Euro und in dritten und höchsten Pflegestufe werden augenblicklich nicht mehr als 1.550 Euro gezahlt, bei Härtefällen in Pflegestufe III bis zu 1.918 Euro (Stand: Anfang 2012).

Wie viel Geld Sie für eine umfassende Pflege in zwei oder drei Jahrzehnten benötigen, kann man momentan schwer abschätzen, jedenfalls wird die Pflege in den nächsten Jahren teurer werden. Versicherungsexperten haben ausgerechnet, dass bei der Einstufung in die Pflegestufe I und einer häuslichen Betreuung schon eine Lücke von ungefähr 500 Euro klafft.

Werden Sie dagegen noch in einem Seniorenheim betreut und befinden sich in der gleichen Pflegestufe, steigt das Finanzloch auf ungefähr 700 Euro an. Die größte Lücke errechnet sich, wenn Sie Pflegestufe III erhalten und zuhause betreut werden. Dann kommen Kosten von über 2.000 Euro auf Sie zu, die Sie selbst zahlen müssen, da diese nicht von der Pflegeversicherung komplett übernommen werden.

Die Bundesregierung ist zwar dabei, die Pflegeversicherung umzugestalten und plant eine Zusatzprämie, aber auch die Neuerungen werden die finanzielle Notlage der Pflegeversicherung kaum entspannen.

Um die großen Versorgungslücken zu schließen, gibt es beispielsweise Pflegetagegeldversicherungen von privaten Krankenversicherungen. Dabei wird Ihnen im Pflegefall täglich ein vereinbarter Geldbetrag gezahlt. Meistens wird Ihnen die volle Summe erst in der höchsten Stufe ausgezahlt.

Bei einem Vertragsabschluss sollten Sie auf alle Fälle darauf achten, dass die Leistungen in den Stufen I und II nicht zu niedrig angesetzt sind. Denn um 80 Prozent der Pflegebedürftigen sind in den unteren beiden Pflegestufen.

Die Tarifhöhe hängt von Alter und Geschlecht ab, Ältere und Frauen zahlen mehr, Frauen deshalb, weil sie eine höhere Lebenserwartung haben und im Alter oft alleinstehend oder verwitwet sind.

Um den sich verschlechternden Versicherungsbedingungen mit zunehmendem Alter zu entziehen, empfiehlt es sich, eine solche Versicherung rechtzeitig abzuschließen. Denn auch chronische Erkrankungen wirken sich ungünstig auf die Versicherungskonditionen aus, dass es gar unmöglich werden kann, eine Pflegetagegeldversicherung zu finden, die einen aufnimmt.

Pflegeversicherung schützt nicht vor Altersarmut

Sollten Sie im Alter pflegebedürftig werden, sind Sie nicht ausreichend vor Altersarmut geschützt. Benötigen Sie beispielsweise sogar Betreuung rund um die Uhr, dann werden im Durchschnitt ungefähr 3.000 Euro an die jeweilige Pflegeeinrichtung gezahlt. Davon übernimmt die gesetzliche Pflegeversicherung etwas mehr als die Hälfte. Für die andere Hälfte müssen Sie mit Ihrem Privatvermögen oder Ihrer Rente aufkommen.

Die Bundesregierung will in nächster Zeit die gesetzliche Pflegeversicherung grundlegend reformieren, was bedeutet, dass neben der gesetzlichen Versicherung noch eine zweite private Versicherung, die staatlich gefördert wird, hinzukommen soll.

Dennoch wird eine umfassende Reform der Pflegeversicherung mehr Geld für Pflegebedürftige bedeuten. Die Kosten für Heimunterbringung und -pflege werden also auch nicht in Zukunft vollständig von der gesetzlichen Pflegeversicherung aufgebracht.

Da unsere Gesellschaft zunehmend altert und die Zahl der Pflegebedürftigen bis 2050 sich fast verdoppelt, raten Experten zu einer privaten Absicherung, um im Alter nicht von den Kindern oder dem Staat abhängig zu sein.

Wer sich privat absichern will, der sollte allerdings einiges beachten, so zum Beispiel dass die Versicherungsbeiträge zur privaten Pflegeversicherung mit Anstieg des Lebensalters ansteigen werden.

Es gibt drei verschiedene Arten von privaten Pflegeversicherungen:

1. **Pflegekostenversicherung:** Diese Versicherung orientiert sich an den tatsächlich anfallenden Kosten für die Pflege. Je nach gewählten Tarif können die nach Abzug der gesetzlichen Pflegeleistungen bleibenden Kosten anteilig oder sogar vollständig übernommen werden.

2. **Pflegerentenversicherung:** Diese Versicherungsart ist eine Kombination aus Sparvertrag und Versicherung. Das heißt, über einen bestimmten Zeitraum sparen Sie Beträge an, die dann als fest vereinbarte Pflegerente im Pflegefall ausgezahlt werden.

3. **Pflegetagegeldversicherung:** Diese Versicherung zahlt im Falle der Pflegebedürftigkeit ein vorher vertraglich vereinbartes, tägliches Pflegegeld. Der volle Tagessatz wird meist erst bei Pflegestufe III ausgezahlt.

Fragen und Antworten zur Pflegeversicherung

Knapp drei Millionen Deutsche erhalten Leistungen aus gesetzlichen Pflegeversicherung. Und in den nächsten Jahren wird diese Zahl weiter deutlich ansteigen.

Zwar will man sich als junger und vitaler Mensch mit diesem eher unangenehmen Thema „Pflegebedürftigkeit im Alter" nicht gern beschäftigen, doch irgendwann kann es jeden treffen, wenn er das entsprechende Alter erreicht hat.

Regelmäßig kommen Fragen von Betroffenen und Angehörigen auf, was die Leistungshöhe der Pflegeversicherung sowie den Anspruch auf die Leistungen angeht und wann Kinder für ihre Eltern zahlen müssen.

Hier finden Sie grundlegende Informationen zu diesen Fragen.

Welche Kosten bezahlt die Pflegeversicherung?

Immer noch wird ein Großteil der Pflegebedürftigen in ihren eigenen vier Wänden von Familienangehörigen gepflegt und betreut. Zusätzlich zu den Pflegekosten pro Monat oder der Kostenübernahme von gewerblichen Pflegediensten übernimmt die gesetzliche Pflegeversicherung auch die Kosten für eine behindertengerechte Umgestaltung einer Wohnung, den Kauf und Einbau eines Badewannen-Lifts usw. Sollte eine Pflegeperson mal krankheitsbedingt ausfallen oder eine Erholungszeit (Urlaub) brauchen, zahlt die Versicherung auch diese Kosten.

Wie werden die Pflegeleistungen beantragt?

Wer pflegebedürftig ist, der muss für mögliche Leistungen einen Antrag bei seiner Krankenkasse oder bei der privaten Krankenversicherung stellen. Schließlich wird ein Gutachter vorbeikommen und testen, welche alltäglichen Verrichtungen Sie noch selbst ausüben können, wie beispielsweise Essen kochen, sich waschen und rasieren, sich anziehen usw., und bei welchen Aufgaben Sie fremde Hilfe brauchen. Nach der Schwere Ihrer Hilfebedürftigkeit richtet sich dann die Pflegestufe, von der letztendlich die Höhe der Pflegeleistungen abhängt.

Die Pflegeversicherung ist in drei Stufen gegliedert, wobei die dritte Stufe die höchsten Leistungen zahlt.

Wann müssen Kinder für pflegebedürftige Eltern zahlen?

Gerade die professionelle Pflege in einem Senioren- oder Pflegeheim ist sehr teuer und kostet oft mehrere Tausend Euro im Monat. Zuerst werden für die Kostenbegleichung die Zahlungen aus der Pflegeversicherung, die Rente und das Vermögen der Eltern herangezogen. Reicht das alles nicht aus, um die Pflegekosten zu decken, übernimmt zuerst das Sozialamt den fehlenden Betrag.

Allerdings wird das Sozialamt versuchen, dieses Geld bei den nächsten Angehörigen, also den Kindern, zurückzuholen. Für den Selbsterhalt dürfen die Kinder nach der Düsseldorfer Tabelle 1.500 Euro in Anspruch nehmen, für den Ehepartner kommen weitere 1.200 Euro hinzu, in der Summe also 2.700 Euro. Der Rest (falls der noch vorhanden ist) muss dann für die Pflege der Eltern abgeführt werden.

Müssen auch Schwiegertöchter und -söhne für die Pflege zahlen?

Meistens nein, da sie nicht mit den Schwiegereltern verwandt sind. Dennoch gibt es Fälle, wo sie doch indirekt zahlen müssen: Wenn der Schwiegersohn etwa mehr verdient als seine Ehefrau und beide gemeinsam über ein Nettoeinkommen von mehr als 2.700 Euro pro Monat verfügen.

Das Sozialamt bewertet diese Situation so, dass der Ehemann den Großteil des Einkommens beisteuert, sodass die Ehefrau dadurch über einen größeren finanziellen Spielraum für die elterliche Pflege verfügt. So kann es auch dazu kommen, dass eine Tochter doch für den Unterhalt der Eltern einspringen muss, obwohl sie ein geringeres Nettoeinkommen als 1.500 Euro hat.

Pflegetagegeldversicherung: Beschreibung und Leistungen

Da die gesetzliche Pflegeversicherung mit der höchsten Pflegestufe III momentan knapp 1.500 Euro zahlt, ein Platz in einem Senioren- oder Pflegeheim oft mindestens das Doppelte kostet, nämlich 3.000 Euro, muss diese Lücke entweder mit der Rente, dem Vermögen oder von den Familienangehörigen bzw. dem Sozialamt geschlossen werden.

Wenn Sie eine private Pflegetagegeldversicherung abschließen, können Sie diese Finanzierungslücke schließen, ohne das Geld von Familienmitgliedern oder Hartz IV beanspruchen zu müssen.

Die Höhe der Versicherung sollte so ausgerichtet sein, dass pro Tag mindestens 50 Euro Pflegetagegeld ausgezahlt werden. Das wären im Monat 1.500 Euro und würde die oben genannte Lücke bei Pflegestufe III und Pflegeheimkosten von 3.000 Euro genau schließen.

Natürlich hängen die Pflegekosten von der Schwere der Pflegebedürftigkeit und der Pflegestufe selbst ab. Werden nur Pflegestufe I oder II gezahlt, dann gibt es weniger Geld von der gesetzlichen Pflegeversicherung, allerdings sind dann auch die Pflegekosten, die das Senioren- oder Pflegeheim erhebt, ebenfalls niedriger.

Aus diesem Grund ist ein Pflegetagegeld von mindestens 50 Euro eine gute Grundlage für die Absicherung im Pflegefall.

Eine solche Versicherung können alle Mitglieder der gesetzlichen Krankenversicherung und einer privaten Krankenversicherung abschließen. Allerdings werden nicht automatisch alle Familienmitglieder in diesen Versicherungsschutz mit aufgenommen, sondern nur die, für die der Versicherungsschutz vertraglich abgeschlossen wird.

Leistungen der Pflegetagegeldversicherung

Bei den Leistungen sollten Sie genau überlegen, wie diese gestaffelt sein sollen. Manche Versicherungen zahlen das Pflegetagegeld erst bei Pflegestufe III. Wollen Sie das Geld oder einen Teil des Betrages schon in den Pflegestufen I oder II, dann müssen Sie darauf achten, dass dies vertraglich so geregelt ist. Die Versicherung ist dann auch teurer.

Außerdem sollte keine Warte- oder Karenzzeit in dem Vertrag enthalten sein, sodass Sie bei Pflegebedürftigkeit gleich Ihr Pflegetagegeld erhalten.

Wichtig als Vertragsinhalt ist auch der Punkt, dass Sie bei Pflegebedürftigkeit in Pflegestufe III keine weiteren Beiträge mehr an die Pflegetagegeldversicherung zahlen müssen und sich die Pflegetagegeldsätze regelmäßig erhöhen und so die Inflation ausgleichen.

Pflegekostenversicherung: Beschreibung und Leistungen

Die Pflegekostenversicherung zahlt im Gegensatz zur Pflegetagegeldversicherung nicht tageweise, sondern richtet sich an den tatsächlich anfallenden Pflegekosten aus.

Die Pflegekostenversicherung zahlt die noch bestehenden Kosten nach Abzug der Leistungen, die die gesetzliche Pflegeversicherung übernommen hat. Dabei können Sie sich entscheiden, ob die Pflegekostenversicherung diese anteilig oder zu hundert Prozent übernimmt.

Dafür müssen Sie alle Rechnungen, Belege und Nachweise der Versicherung zukommen lassen, um so Ihre Kosten korrekt beweisen zu können. Je nach Tarifumfang müssen manche Versicherungsnehmer Verpflegung und Unterkunft in einem Pflegeheim selbst bezahlen.

Häufige Leistungen der Pflegekostenversicherung

Im Idealfall übernimmt die Pflegekostenversicherung alle übrig bleibenden Kosten, die die gesetzliche Pflegeversicherung nicht mehr abdeckt. Dennoch beschränken einige Versicherungsunternehmen die Kostensumme auf eine jährliche Höchstgrenze. Was an Pflegekosten darüber liegt, muss der Versicherte selbst übernehmen.

Achten Sie darauf, dass folgende Leistungen sowie Konditionen in Ihrem Tarif enthalten sind:

- Alle Pflegestufen sind mit eingeschlossen.
- Die Versicherung sollte bei der Leistungsübernahme nicht zwischen privater und professioneller Pflege differenzieren.
- Bei Steigerung der Pflegekosten sollte auch die Leistungsübernahme dementsprechend angepasst werden, ohne dass Sie einem wiederholten Gesundheitscheck zustimmen müssen.
- Die Versicherung sollte die Kosten für behindertengerechten Umbau, Rollstuhl usw. übernehmen.
- Werden Sie durch einen Unfall zum Pflegefall, sollte die Versicherung sofort leisten.
- Ihre festgelegte Pflegestufe der gesetzlichen Pflegeversicherung sollte auch Ihre Pflegekostenversicherung übernehmen und Sie keinesfalls zurückstufen.
- Der Versicherungsschutz sollte lebenslang gelten.

Warte- und Karenzzeiten in der Pflegekostenversicherung

Achten Sie auch auf bestimmte Leistungs-Ausschlusszeiten nach Vertragsabschluss. Einige Versicherungen legen eine Wartezeit (Mindestversicherungszeit) fest, in der sie keine Leistungen aus Ihrer Pflegebedürftigkeit übernehmen. Sind Sie schon älter, kann das ein großer Nachteil für Sie sein, weil Sie dann trotz privater Pflegeversicherung selbst für teure Pflegeleistungen finanziell aufkommen müssen und dazu noch

Versicherungsbeiträge zahlen - falls Sie während der Wartezeit pflegebedürftig werden.

Viele Pflegekostenversicherungen legen eine Wartezeit von drei Jahren fest. Manche verzichten aber auch darauf.

Auch ein Nachteil ist die sogenannte Karenzzeit. Denn tritt der Leistungsfall, also die Pflegebedürftigkeit ein, sehen einige Versicherungsunternehmen von der sofortigen Leistung ab und zahlen erst nach einer festgelegten Karenzzeit. Diese beträgt oft drei Monate. Sind Ihre finanziellen Reserven gering, ist dieser Punkt ein großer Nachteil für Sie.

Versuchen Sie daher eine Versicherungspolice ohne Warte- und Karenzzeit abzuschließen.

Kosten der Pflegekostenversicherung

Wie hoch der monatliche Beitrag für die Pflegekostenversicherung ausfällt, hängt natürlich von den zu übernehmenden Leistungen und dem persönlichen Risiko, pflegebedürftig zu werden, ab.

Generell liegen die Beiträge über denen einer Pflegetagegeldversicherung. Und auch Frauen müssen wegen ihrer höheren Lebenserwartung mehr zahlen als Männer.

Wer als 40-Jähriger eine Pflegekostenversicherung abschließt mit Leistung der Pflegestufe I, muss durchschnittlich 9 Euro pro Monat zahlen, eine 40-jährige Frau ungefähr 20 Euro.

Eine Pflegekostenversicherung abzuschließen lohnt vor allem dann, wenn man im Alter mit hohen Pflegekosten rechnet und man professionelle Pflege in einem Senioren- oder Pflegeheim in Anspruch nehmen wird.

Pflegerentenversicherung: Beschreibung und Leistungen

Im Gegensatz zu Pflegetagegeld- und Pflegekostenversicherung ist die Pflegerentenversicherung eine Form der Lebensversicherung.

Werden Sie pflegebedürftig, dann erhalten Sie eine im Versicherungsvertrag festgelegte Rente. Wie hoch diese ausfällt, hängt vom Tarif ab, den Sie gewählt haben.

Pflegerentenversicherung nur bei wenigen Versicherern im Angebot

Die Pflegerentenversicherung haben nur wenige Versicherungsunternehmen in ihrem Angebot. Ein Grund ist die Ausrichtung der Pflegerentenversicherung, die sich ähnlich einer kapitalbildenden Lebensversicherung gestaltet. Das heißt, es muss erst vom Versicherungsnehmer Kapital angespart werden, was diese

Versicherungsart recht teuer gegenüber den beiden anderen Varianten Pflegetagegeld- und Pflegekostenversicherung macht.

Dem Nachteil, dass diese Pflegezusatzversicherung recht teuer ist, stehen die Vorteile einer lebenslangen Beitragsgarantie und die Beitragsfreiheit in der sogenannten Leistungsphase gegenüber. Das heißt, tritt Pflegebedürftigkeit ein, brauchen Sie keine weiteren Versicherungsbeiträge in die Pflegerentenversicherung zu zahlen.

Leistungen der Pflegerentenversicherung

Können Sie wegen Krankheit, einer schweren Verletzung oder altersbedingten Kräftezerfalls nicht mehr alleine Ihr alltägliches Leben meistern, zahlt Ihnen die Pflegerentenversicherung einen monatlichen Betrag, der sich an der offiziell bestätigten Schwere Ihrer Pflegebedürftigkeit orientiert.

Dabei ist es egal, ob Sie zuhause von Angehörigen, einem Pflegedienst oder in einem Seniorenheim betreut werden, die Pflegerentenversicherung zahlt in jedem dieser Fälle eine Pflegerente.

Fazit Pflegerentenversicherung

Diese Form der privaten Pflegezusatzversicherung hat wie jede Versicherung ihre Vor- und Nachteile. Auf jeden Fall sollten Sie prüfen, ob es nicht doch günstigere Versicherungsformen für Sie gibt, bevor Sie eine Pflegerentenversicherung abschließen.

Vermeiden Sie eine Kombination von Pflegerentenversicherung mit einer Kapitallebensversicherung, denn dies wird unvorteilhaft teuer. Generell lässt sich die Pflegerentenversicherung als eine solide Absicherungsform einstufen.

Dread Disease-Versicherung auch für Selbständige wichtig

Es gibt in Deutschland die Möglichkeit, sich freiwillig gegen schwere und lebensbedrohliche Krankheiten absichern zu lassen, und zwar außerhalb des Rahmens der gesetzlich vorgeschriebenen Krankenversicherung.

Diese Versicherung nennt sich Dread-Disease-Versicherung (abgekürzt: DD-Versicherung) und ist im Grunde genommen eine Personenversicherung, deren vereinbarte Versicherungsleistung beim Eintritt von schweren Krankheiten dem Versicherungsnehmer ausgezahlt wird.

Zu den schweren Krankheiten oder Erkrankungen gehören unter anderem:

- Herzinfarkt
- Tumorerkrankungen
- Schlaganfall

- Erblindung
- Gehörverlust
- Schwere Verbrennungen

Die Dread-Disease-Versicherung ist sozusagen eine Alternative für den Schutz vor Invalidität.

Erkranken Sie an einer schlimmen Krankheit, die Bestandteil des Versicherungsvertrages ist, dann zahlt die Versicherung einen festgelegten Betrag als einmalige Leistung aus. Zuvor müssen Sie die Diagnose Ihrer Erkrankung der Versicherung gegenüber durch ein ärztliches Gutachten nachweisen.

Die Versicherungssummen belaufen sich oft zwischen 20.000 und 200.000 Euro. Im Gegensatz zur Berufsunfähigkeitsversicherung ist es irrelevant, ob eine Heilung ausgeschlossen ist oder ob Sie nach einer bestimmten Zeit wieder Ihre berufliche Tätigkeit aufnehmen können.

Wenn Sie eine solche Versicherung abschließen, dann sollten Sie sehr genau bei Ihren Vorerkrankungen sein und nichts verbergen. Wenn dann nämlich der Versicherungsfall eintritt, können Täuschungsversuche zu einer Nichtzahlung der Versicherungssumme führen.

Wer sollte eine Dread-Disease-Versicherung in Anspruch nehmen?

Neben gutverdienenden Arbeitnehmern ist eine DD-Versicherung vor allem für Selbständige und Freiberufler geeignet, da eine Berufsunfähigkeitsversicherung keinen vollständigen Schutz bietet, schon gar nicht gegen solche oben genannten Erkrankungen.

Denn viele dieser schweren Erkrankungen sind aufgrund des medizinischen Fortschritts heilbar oder wenigstens gut therapierbar, sodass die Berufsunfähigkeitsversicherung Sie nicht als berufsunfähig einstuft und Sie daher auch keine Leistungen erhalten oder nur temporär. In diese Lücke tritt dann die DD-Versicherung.

Dennoch sollten Sie die DD-Versicherung nicht als Berufsunfähigkeitsversicherungs-Ersatz ansehen, da beide unterschiedliche Bereiche abdecken. Die DD-Versicherung ist eher als sinnvolle Ergänzung zur Berufsunfähigkeitsversicherung zu sehen, vor allem für jene, die von ihrer eigenen Arbeitskraft abhängig sind.

Mit Basistarifen, die ungefähr sechs schwere Erkrankungsbilder umfassen, können Sie einen relativ günstigen Versicherungsschutz erlangen. Wer unter Vorerkrankungen leidet oder Raucher ist, muss mit höheren Beiträgen rechnen, da das Krebs- und Herzinfarkt-Risiko deutlich höher ist.

Beim Vertragsabschluss können Sie entscheiden, ob Sie am Ende der Laufzeit das eingezahlte Geld ausgezahlt bekommen wollen (investmentgebundene

Überschussverwendung) oder keine Versicherungsleistung eintritt (reine Risikoabsicherung), wenn nach Versicherungsablauf auch keine schwere Erkrankung erfolgt ist.

Gebäudeversicherung: Beschreibung und Leistungen

Eine Gebäudeversicherung gehört mit Sicherheit nicht zu den allerwichtigsten privaten Versicherungen, auch für Selbständige nicht. Denn eine Gebäudeversicherung ist letztendlich nur wichtig für Hauseigentümer.

Jeder, der ein Haus sein Eigen nennt, sollte eine solche Versicherung abschließen, denn wenn Ihr Haus beschädigt wird, kann die Gebäudeversicherung Sie vor dem finanziellen Bankrott retten. Hohe Reparaturkosten sind oft mit dem Ersparten nicht zu bezahlen und führen zu einer finanziellen Notlage der Familie.

Welche Schäden übernimmt die Gebäudeversicherung

Die Versicherung springt mit Schadenszahlungen ein, wenn das Haus durch Feuer, Wasser, Hagel, Sturm oder weitere Ursachen wie Naturkatastrophen, Flugzeugabstürze oder Explosionen beschädigt oder zerstört wird. Meist sind in dem Versicherungsschutz auch andere Gebäude auf dem Grundstück mit enthalten, wie Gartenhäuschen, Geräteschuppen oder Garagen, aber auch Heizungen, Küchen, Überdachungen, also Teile, die mit dem Gebäude fest verbunden sind.

Konkrete Gebäudeschäden können von einem brennenden Dach, einer Überschwemmung durch ein zerborstenes Wasserrohr oder von Sturmschäden ausgelöst werden. Aber auch Schäden durch Graffiti oder Schäden, ausgelöst durch Demonstrationen können von der Gebäudeversicherung übernommen werden, wenn diese Risiken in Ihrem Versicherungsvertrag enthalten sind.

Je mehr Risiken Sie in Ihren Vertrag aufnehmen, desto teurer wird die Versicherung. Daher sollte man vorher wirklich die reellen Gefahren für das eigene Haus abwägen, sodass man letztendlich nicht unnötige Leistungen bezahlt.

Meist sind die Basisrisiken wie Feuer, Wasser und Sturm in den Vertrag aufgenommen. Sie können diesen um eine Elementarschadenversicherung erweitern, damit Sie auch gegen Überschwemmungen, Erdbeben oder Schneedruck abgesichert sind.

Schäden, die auf Vorsatz oder grober Fahrlässigkeit beruhen, werden von der Gebäudeversicherung nicht übernommen. Das gleiche gilt für Schäden durch Kernenergie, Krieg, innere Unruhen usw.

Versicherungssumme der Gebäudeversicherung

Je nach der Höhe der Versicherungssumme hängt auch ab, wie viel Geld Sie bei einem eintretenden Schaden bekommen.

Grundlage der Summe ist generell der Wert 1914, der aussagt, welchen Wert die versicherten Objekte im Jahr 1914 gehabt hätten. Dieser Wert wird Jahr für Jahr mit dem steigenden Neuwertfaktor multipliziert. In diesem Jahr liegt dieser Faktor bei ca. 15,66.

Vereinbaren Sie mit der Versicherung am besten einen gleitenden Neuwert, sodass die Beiträge und die Versicherungssumme an die Wertsteigerung des Gebäudes angepasst werden.

Die korrekte Versicherungssumme kann mit drei verschiedenen Methoden ermittelt werden:

- mithilfe der Wertermittlung nach Größe und Ausstattung des Gebäudes. Dazu muss man einen Wertermittlungsbogen ausfüllen.
- mithilfe von Zu- oder Abschlägen, je nach der Hausausstattung. Diese Methode gilt als einfach sowie zuverlässig.
- mithilfe der Umrechnung des Gebäudeneuwertes durch den Baupreis des Hauses.

Falls die Versicherungssumme nach einer der oben genannten Methoden ermittelt wird, tritt der Unterversicherungsverzicht von Seiten des Versicherers ein. Das heißt, falls ein Schaden am Gebäude erfolgt, wird dieser ohne Abzüge von der Versicherung übernommen.

Wenn Sie Ihr Haus verkaufen, geht der Vertrag automatisch auf den neuen Hauseigentümer über. Informieren Sie daher rechtzeitig die Versicherung über die neuen Eigentumsverhältnisse.

Was zahlt die Gebäudeversicherung im Schadensfall?

Tritt ein Schaden ein, zahlt die Versicherung die Reparaturkosten am beschädigten Haus bzw. Gebäude oder den aktuellen Neubauwert, falls das Gebäude vollständig zerstört wurde. Dazu gehören auch Abriss- und Aufräumkosten und die Übernahme von Mietausfall und Mietnebenkosten, falls Mieter wegen nicht mehr nutzbarer Räume berechtigt sind, die Mietzahlung teilweise oder ganz zu verweigern.

Wonach richtet sich die Höhe des Versicherungsbeitrages?

Diese richtet sich neben dem Leistungsumfang und dem aktuellen Wiederaufbauwert vor allem nach der Bauweise des Gebäudes. Am preiswertesten lassen sich Massivhäuser mit Hartdach absichern. Häuser aus Holz, Lehm oder mit Reetdach sind teurer, weil das Risiko eines Brandes deutlich höher liegt. Auch die regionale Lage kann sich auf den Versicherungsbeitrag auswirken.

Was muss ich nach einem Schaden beachten?

Sie sollten zuerst den Schadensort absichern und das Versicherungsunternehmen zeitnah benachrichtigen. Ist ein Feuer ausgebrochen, muss sofort die Feuerwehr gerufen, bei einem Leitungsschaden der Haupthahn abgedreht werden. Versuchen Sie den Schaden so gering wie möglich zu halten.

Außerdem sollten Sie den Schaden dokumentieren, die Schäden fotografieren und beschädigte Gegenstände als Beweismaterial aufheben.

Vertragskündigung

Sie können Ihren Gebäudeversicherungsvertrag spätestens drei Monate vor Ende der Laufzeit ordentlich kündigen. Wenn nicht, verlängert sich der Vertrag wieder um ein Jahr. Auch außerordentliche Kündigungen sind möglich.

Tierhalterhaftpflichtversicherung: Beschreibung und Leistungen

Tiere wie Hunde oder Pferde bereiten ihren Besitzern meist nur Freude, dennoch kann auch mal was schiefgehen oder ein Unfall mit ihnen passieren. Beispielsweise kann sich der Hund beim Gassi gehen von der Leine reißen und einen Passanten beißen. Oder das Pferd scheut beim Ausritt und verursacht einen Autounfall.

Die durch solche Unfälle verursachten Schäden müssen Sie als Tierhalter komplett übernehmen und für die Kosten mit Ihrem Vermögen aufkommen. Gerade bei großen Tieren kann der Schaden in die Tausende oder noch höher gehen und somit sehr teuer werden. Aus diesem Grund ist eine Tierhalterhaftpflichtversicherung für Besitzer von größeren Tieren unumgänglich.

Warum ist eine Tierhalterhaftpflichtversicherung sinnvoll?

Die Tierhalterhaftpflichtversicherung übernimmt Schäden, die von größeren Tieren wie Hund oder Pferd oder auch Schlangen verursacht wurden. Schäden von kleinen gezähmten Tieren wie Katzen, Meerschweinchen oder Vögel werden von der privaten Haftpflichtversicherung abgedeckt.

Dabei ist es nicht entscheidend, ob Sie an dem Tierunfall selbst schuld sind, sondern allein die Tatsache, dass Sie der Besitzer des Tieres sind, führt zum Haftungsanspruch des Geschädigten, d. h. Sie unterliegen der Gefährdungshaftung.

Bei der Tierhalterhaftpflichtversicherung wird das Tier und nicht Sie versichert, was auch heißt, dass andere Personen wie Ihr/e Partner/in, Ihre Kinder, Freunde und Nachbarn, falls diese auf Ihr Tier aufpassen, vom Versicherungsschutz profitieren. Mitversichert sind auch Welpen und Fohlen der versicherten Hunde und Pferde bis zu einem Alter von 12 Monaten.

Welche Schäden werden von der Tierhalterhaftpflichtversicherung übernommen?

Die Tierhalterhaftpflichtversicherung übernimmt berechtigte Schadensansprüche, die durch ein schadensverursachendes Verhalten Ihres Tieres entstanden sind. Dazu gehören Personen-, Sach- und Vermögensschäden. Eigene Schäden werden von der Versicherung nicht abgedeckt, wie Sachschaden in der Wohnung, ausgelöst durch den Hund und auch Beißattacken an Familienmitgliedern.

Unter Vermögensschäden sind Schäden zu verstehen, die sich nicht den Personen- oder Sachschäden zuordnen lassen. Wenn beispielsweise ein Geschäftsmann durch ein Fehlverhalten eines Hundes nicht pünktlich zu einem geplanten Geschäftstermin kommt, kann dies einen finanziellen Verlust für ihn bedeuten und ist somit als Vermögensschaden zu werten.

Bedenken Sie auch, dass Sie bei mehreren Hunden oder Pferden jedes Tier einzeln versichern müssen.

Gesonderte Versicherungen für Hunde und Pferde

Für Hunde wie Pferde werden gesonderte Tierhalterhaftpflichtversicherungen (Hundehaftpflicht, Pferdehaftpflicht) abgeschlossen, da sich die Tarifleistungen und -kosten deutlich voneinander unterscheiden. Schließlich kann ein Pferd einen deutlich größeren Schaden verursachen als ein Hund.

Angebote von Tierhalterpflichtversicherungen vergleichen

Wenn Sie eine Tierhalterhaftpflichtversicherung abschließen wollen, ganz gleich ob für Hund, Pferd oder ein anderes großes Tier, dann sollten Sie verschiedene Tarife und Versicherungsleistungen miteinander vergleichen.

Achten Sie auf bestimmte Klauseln wie beispielsweise Pflichtverletzung, denn einige Versicherungsgesellschaften verweigern die Leistung im Schadensfall, wenn Sie als Tierhalter eine Pflicht wie beispielsweise einen Leinen- oder Maulkorbzwang nicht einhalten. Meist ist auch nicht klar, ob ein solcher Zwang vor Ort vorlag. Daher sollten Sie eine Tierhalterhaftpflicht wählen, die auch finanziell einspringt, wenn eine Pflichtverletzung festgestellt wird.

Ein weiterer Punkt, den Sie bei einem Tarifvergleich beachten sollten, ist die Deckungssumme. Die sollte entsprechend hoch sein, da große Tiere oft Schäden in Millionenhöhe verursachen können.

Was passiert beim Tod des Versicherungsnehmers mit dessen Policen?

Was passiert mit den Versicherungspolicen, wenn der Versicherte stirbt? Es gibt Versicherungen, die weiterlaufen, andere erlöschen automatisch, manche wiederum müssen gekündigt werden.

Private/Gesetzliche Krankenversicherung
Diese Versicherung endet, wenn der Versicherungsnehmer verstirbt. Die Beitragspflicht läuft mit Ende des letzten Versicherungsmonats ab. Sind weitere Angehörige mitversichert, dann haben diese das Recht, unter Benennung eines neuen Versicherungsnehmers in den Vertrag einzusteigen und diesen weiter zu führen.

Privathaftpflichtversicherung
Mit dem Tod des Versicherungsnehmers wird auch dieses Versicherungsverhältnis automatisch beendet. Es muss also nicht extra gekündigt werden. Wurde schon ein Jahresbeitrag gezahlt, dann wird dieser anteilsmäßig zurückerstattet, sobald die Versicherungsgesellschaft den Todesfall schriftlich bestätigt bekommen hat.

Bei einer Familienhaftpflichtversicherung bleibt die Versicherung bis zur nächsten Beitragszahlung bestehen. Wenn der noch lebende Partner den Versicherungsbeitrag weiter zahlt, wird die Versicherung automatisch weitergeführt.

Rechtsschutzversicherung
Verstirbt der Versicherungsnehmer einer Rechtsschutzversicherung, so läuft der Vertrag weiter, bis das Ende des aktuellen Beitragszahlungsraumes erreicht ist. Der Erbe hat die Möglichkeit, den Vertrag zu übernehmen, indem er die Beiträge weiterzahlt. Wird der Vertrag nicht übernommen und keine weiteren Versicherungsbeiträge gezahlt, erlischt der Vertrag ohne Kündigungspflicht.

Hausratversicherung
Die Hausratversicherung geht auf die Hinterbliebenen über, falls diese den Hausrat des Verstorbenen im Zeitraum von zwei Monaten nach dessen Tod unverändert übernehmen. Haben die Erben schon eine eigene Hausratversicherung, müssen sie die andere kündigen.

Wird der Hausrat nicht übernommen, beendet die Versicherung den Vertrag spätestens bei Wohnungsauflösung. In diesem Fall muss der Versicherer eine schriftliche Bestätigung über den Todesfall erhalten.

KFZ-Haftpflichtversicherung
Falls der Verstorbene einen Wagen hinterlässt, so besaß er zwangsläufig auch eine KFZ-Haftpflichtversicherung. Da sich die KFZ-Haftpflichtversicherung nicht nur auf eine bestimmte Person bezieht, sondern auf ein Kraftfahrzeug, besteht die Versicherung so lange, wie die Erben das Auto behalten.

Dabei kann der Versicherungsbeitrag ansteigen, wenn sich das versicherte Risiko erhöht. In diesem Fall der KFZ-Haftpflichtversicherung stehen den Erben kein Sonderkündigungs-recht zu. Der Vertrag kann nur gekündigt werden, wenn das Auto weiterverkauft wird.

Was tun, wenn ein Schadensfall eintritt?

Dass ein Schadensfall eintritt, hofft natürlich niemand. Doch wie müssen Sie sich verhalten, wenn der Ernstfall doch passiert?

Um vom Versicherungsunternehmen Leistungen wie im Vertrag vereinbart zu erhalten, sind bestimmte Regeln vom Versicherungsnehmer einzuhalten.

Werden sie missachtet, - was auch fahrlässig durch schlampiges Verhalten und Unachtsamkeit passieren kann -, droht im schlimmsten Fall der Verlust des Versicherungsschutzes und Sie gehen leer aus.

Schon beim Vertragsabschluss müssen Sie bestimmte Fragen beantworten, wodurch der Versicherer sich über Risiken und die Wahrscheinlichkeit des Schadenseintritts informieren will. Schon hier ist Achtsamkeit geboten.

Beitragsverluste und Versicherungsausschluss bei unkorrektem Verhalten

Beantworten Sie beispielsweise Gesundheitsfragen in der privaten Krankenversicherung, Unfall-, Lebens- oder Berufsunfähigkeitsversicherung nicht wahrheitsgemäß, beispielsweise haben Sie chronische Erkrankungen nicht erwähnt und damit den Versicherer getäuscht, kann dies sogar zum Versicherungsausschluss führen.

Zumindest kann das Versicherungsunternehmen den Vertrag noch bis zu 10 Jahren nach Abschluss wegen arglistiger Täuschung anfechten. Für die private Krankenversicherung bedeutet dies, dass der Versicherer die bisher gezahlten Beiträge behält, der Versicherungsnehmer die in der Vergangenheit von der Versicherung erbrachten Gesundheitsleistungen zurückerstatten muss.

In der privaten Haftpflicht, der KFZ-Haftpflicht und der Tierhalterhaftpflicht hat dagegen grobe Fahrlässigkeit keine negativen Auswirkungen, denn würden dadurch die Leistungen gekürzt, müssten vor allem die Opfer darunter leiden. Bei vorsätzlich verursachten Schäden allerdings kommen die Versicherungen nicht auf.

Pflichten des Versicherungsnehmers

Vor und nach dem Eintreten eines Schadensfalls hat der Versicherungsnehmer bestimmte Regeln einzuhalten. Einmal sollte er den Eintritt des Schadensfalls nicht leichtfertig oder fahrlässig herbeigeführt haben.

Aber auch Risiken, die während eines Vertrags steigen, muss der Versicherungsnehmer melden, so wie beispielsweise ein Baugerüst am Haus. Davon sollte die Hausratversicherung informiert werden, denn damit steigt die Wahrscheinlichkeit, dass in das Haus eingebrochen wird.

Wird die entsprechende Versicherung darüber nicht in Kenntnis gesetzt, kann sie sogar den Vertrag kündigen, auch wenn überhaupt kein Hauseinbruch erfolgt ist.

Tritt ein Schadensfall ein, muss man diesen so schnell wie möglich der Versicherung melden und nicht erst ein paar Wochen warten. Außerdem muss man versuchen, die Schadenshöhe zu begrenzen, d. h. bei einem Autounfall ein Warndreieck aufstellen, damit niemand weiteres in den Unfall involviert wird oder bei Brand gleich die Feuerwehr rufen.

Ebenfalls wichtig ist die Bestimmung der Schadenshöhe, indem man beispielsweise bei Einbruch eine Liste der gestohlenen Gegenstände erstellt und diese dem Versicherungsunternehmen aushändigt.

Immerhin gibt es seit 2009 im Versicherungsvertragsgesetz eine Neuregelung, nach der Versicherungsnehmer nicht mehr automatisch ihren Versicherungsschutz verlieren, wenn sie ihre Pflichten verletzt haben. Es kommt vor allem darauf an, wie schwer der begangene Fehler zu bewerten ist. Je nach Schwere kann das Versicherungsunternehmen dann die Leistungen kürzen.

Welche Versicherungen man nicht wirklich braucht

Als Selbständiger unterversichert zu sein, ist mit Sicherheit eine riskante Situation, vor allem dann, wenn man den fehlenden Versicherungsschutz benötigt.

Versicherungen, die einem nichts nützen und nur unnötig Geld kosten, sind genauso schlecht.

Vor allem sollte man sich nicht gegen Vorfälle absichern, die nicht oft im Leben passieren, sodass sie auch leicht aus der eigenen Portokasse zu zahlen sind.

1. Glasbruchversicherung

Als Beispiel sei hier ein zerbrochenes Fenster genannt: Dieser Schaden wird von Glasbruchpolicen abgedeckt. Doch wie oft gehen Ihnen wirklich Fensterscheiben zu Bruch? Mit allerhöchster Wahrscheinlichkeit nur sehr selten. Warum also eine solche Versicherung abschließen, Jahr für Jahr Beiträge zahlen (der Durchschnittsbeitrag liegt bei ca. 60 Euro jährlich), wenn die durchschnittliche Schadenshöhe einer defekten Fensterscheibe bei ungefähr 280 Euro liegt?
Und dann sollte man auch noch wissen, dass die Versicherung Schäden wie zerkratzte Scheiben oder abgesplittertes Glas nicht übernimmt.

2. Insassenunfallversicherung

Die Insassenunfallversicherung zahlt, wenn die Bei- oder Mitfahrer bei einem Autounfall zu Schaden kommen und man keinen Schuldigen finden kann, wie beispielsweise bei Fahrerflucht. Seit ein paar Jahren hat diese Versicherung an Wichtigkeit verloren, da mittlerweise in solchen Fällen die KFZ-Haftpflicht des Fahrers dafür aufkommt.

3. Handyversicherung, Laptopversicherung usw.

Die teuren Smartphones, Laptops, iPads und Co. kann man gegen Schäden wie Bedienungsfehler, Bruchschaden, Sabotage usw. absichern. Allerdings greift meist in den ersten beiden Jahren nach dem Gerätekauf die Gewährleistungspflicht, die einem ohnehin zusteht.

Und bei Diebstahl bekommt man selten etwas von der Versicherung, da diese sich mit dem Argument der groben Fahrlässigkeit aus der Zahlungsverantwortung zieht. Vergessliche und schusselige Menschen sollten auf solch eine Geräteversicherung sowieso besser verzichten, da man dagegen schon mal gar nicht abgesichert wird.

4. Reisegepäckversicherung

Auch eine Versicherung aus der Kategorie „überflüssig“. Einmal muss man so penibel auf sein Gepäck aufpassen, dass man es sich gleich an den Körper befestigen kann. Wird es dann gestohlen, dürfte die Versicherung wohl einspringen. Aber wer kann das schon?

Außerdem hat jede Versicherungsgesellschaft ein anderes Verständnis für Reisegepäck. Für manche gehören Geldbeutel und Fahrkarten nicht dazu. Kommen diese Gegenstände also abhanden, geht man versicherungsrechtlich leer aus.

Wer eine Hausratpolice abgeschlossen hat, bei dem sind Diebstähle aus Hotelzimmer oder Ferienwohnung sowieso mit abgedeckt.

Oft versteckt sich die Reisegepäckversicherung in einem Reisepaket, wozu auch die mit Sicherheit sinnvolle Auslandsreise-Krankenversicherung gehört.

5. Haus- und Wohnungsschutzbrief

Eine Absicherung gegen alle möglichen Pannen am Haus oder in der Wohnung: Schlüsseldienst, Rohrreinigung, Beseitigung von Ungeziefer im Haus, das soll dieser Schutzbrief leisten. Doch es sind auch viele Schäden ausgeschlossen, wie bestimmtes Ungeziefer, oder die Höchstgrenze für den zu übernehmenden Schaden wird sehr niedrig angesetzt, sodass man den darüber liegenden Betrag dann selbst zahlen muss.

Meist kostet der Schutzbrief ca. 60 Euro pro Jahr, dennoch kann man diese nicht allzu oft eintretenden Schäden, die er abdeckt, auch selbst bezahlen.

6. Krankenversicherung für Tiere

Zwar können umfassende Arztbehandlungen für Hund, Katze usw. sehr teuer werden, vor allem wenn die Tiere operiert werden müssen. Da die Versicherungsbeiträge für Hunde bei ungefähr 350 Euro und für Katzen bei 150 Euro jährlich liegen, müssen die Tiere schon sehr häufig krank sein, damit sich die Versicherung rechnet.

Außerdem müssen Besitzer älterer und damit krankheitsanfälliger Tiere oft einen Selbstbehalt zahlen.

7. Sterbeversicherung

Damit soll der Versicherte schon zu Lebzeiten seine eigene Beerdigung finanziell absichern. Je nach Einstiegsalter in diese Versicherung können die monatlichen Versicherungsprämien aber ziemlich hoch sein (ca. 50 Euro und mehr).

Wer seine Beerdigungskosten den Zurückgebliebenen ersparen will, der kann das Geld auch in einen Sparplan investieren oder eine preiswertere Risikolebensversicherung abschließen.

Fazit

Wer überflüssige Versicherungen kündigen will, muss eine Frist von drei Monaten zum Ende des Vertragsjahres einhalten. Wahrscheinlich gibt es noch weitere unsinnige Versicherungen. Die hier aufgeführten werden allerdings recht oft abgeschlossen und gehören zu den gängigen Versicherungen in Deutschland.

Betriebliche Versicherungen für Selbständige, Freiberufler und Existenzgründer

Überblick

Auch wenn hier die wichtigsten Versicherungen für Selbständige, Freiberufler und Existenzgründer aufgeführt werden, soll dies nicht heißen, dass Sie wirklich alle diese Versicherungen für Ihr Unternehmen benötigen.

Sie sollten vor allem in der Lage sein, die Versicherungsprämien zahlen zu können. Für den Anfang, wenn die Einnahmen aus der selbständigen Tätigkeit noch nicht allzu hoch sind, empfiehlt es sich, nur die allerwichtigsten Versicherungen abzuschließen. Sprechen Sie am besten darüber mit einem unabhängigen Versicherungsmakler.

1. Betriebshaftpflichtversicherung / Berufshaftpflichtversicherung

Die Betriebshaftpflichtversicherung oder Berufshaftpflichtversicherung deckt Haftungsrisiken für Unternehmer und Selbständige aus der beruflichen Tätigkeit ab. Für manche Berufsgruppen gibt es sogar eine gesetzliche Pflicht, diese Versicherung abzuschließen. Da die eingebauten Leistungen von Versicherung zu Versicherung sehr unterschiedlich sind, sollten Sie auch hier umfassende Vergleiche durchführen.

Eine besondere Form der Berufshaftpflichtversicherung für Tätige im Dienstleistungssektor ist die Vermögensschadenhaftpflichtversicherung. Sie ist sehr wichtig für Unternehmer, die mit Vermögenswerten ihrer Kunden umgehen oder deren Tätigkeit eine Gefahr für die Vermögen der Kunden haben kann.

2. Betriebsunterbrechungsversicherung

Personal-, EDV- und Telefonausfall, Transportschäden usw. können den gesamten Betrieb lahm legen. Solange durch diese Ausfälle keine Erträge erwirtschaftet werden können, übernimmt die Betriebsunterbrechungsversicherung bis zum Wiederaufbau des Betriebs die laufenden Kosten wie Löhne, Miete, Zinsen usw.

Für Freiberufler gibt es die Praxisausfallversicherung. Sie zahlt die fortlaufenden Betriebskosten, Löhne, Gehälter usw., wenn der Unternehmensinhaber ausfällt.

3. Einbruchdiebstahlversicherung

Diese Versicherung erstattet Schäden, die nach einem Diebstahl, Raub oder Vandalismus entstanden sind.

4. Elektronikversicherung

Fallen in Ihrem Unternehmen plötzlich die EDV oder die Telefonanlage aus, kann das sehr teuer werden. Mit einer Elektronikversicherung schützen Sie sich gegen solche finanziellen Verluste. Es gibt noch sinnvolle Erweiterungen der Elektronikversicherung, wie beispielsweise eine Datenträger- oder Softwareversicherung.

5. Feuerversicherung

Die Feuerversicherung übernimmt Schäden, die durch Brand, Blitzschlag, eine Explosion oder Flugzeugabsturz entstanden sind. Dazu gehören Schäden am Gebäude selbst als auch am Inhalt, vor allem an der technischen und kaufmännischen Einrichtung.

6. Kfz-Haftpflichtversicherung

Sie übernimmt alle Schäden an Personen, Sachen und Vermögen auf, die der Fahrer gegenüber Dritten verursacht hat. Schäden am eigenen Fahrzeug werden über die Teil- und Vollkaskoversicherung abgedeckt, auch wenn der Versicherte den Unfall selbst verschuldet hat.

7. Leitungswasserversicherung

Die Kosten für Sachschäden, die durch austretendes Wasser aus Wasserleitungen oder Wasser- bzw. Heizungsanlagen zustande kommen, werden übernommen.

8. Maschinenversicherung

Die Maschinenversicherung ist vor allem wichtig für Bauunternehmer oder das produzierende Gewerbe. Reparaturen an stationären und fahrbaren Maschinen, die durch menschliches Versagen, Bedienungsfehler, fahrlässiges Verhalten usw. entstanden sind, werden damit abgedeckt.

9. Produkthaftpflichtversicherung

Mit der Betriebshaftpflicht sollte eine Produkthaftpflichtversicherung kombiniert werden. Sie springt ein, wenn Dritte durch fehlerhafte Produkte Schaden erleiden. Besonders Hersteller, Lieferanten oder Lizenznehmer sollten diese Versicherung abschließen.

10. Gewerbliche Rechtsschutzversicherung

Als Unternehmer oder Selbständiger sind Sie immer dem Risiko ausgesetzt, von einem Kunden, Lieferanten, Konkurrenten oder jemand anderem verklagt zu werden. Deshalb sollten Sie auch eine Rechtsschutzversicherung in Betracht ziehen.

11. Sturmversicherung

Die Sturmversicherung kommt für Sachschäden – ausgelöst durch Sturm – an Gebäuden und beweglichen Sachen auf, die sich auf dem versicherten Grundstück befinden.

12. Vertrauensschadenversicherung

Diese Versicherung springt für Kosten ein, die durch Unterschlagung, Veruntreuung, Diebstahl, Betrug und andere Vermögensdelikte, die Mitarbeiter oder Vertrauenspersonen verübt haben, entstanden sind.

Berufshaftpflichtversicherung

Für bestimmte Berufe wie Ärzte, Dolmetscher, Ingenieure, Rechtsanwälte oder Architekten ist die Berufshaftpflichtversicherung eine wichtige Versicherung gegen Ansprüche, die sich aus dem Schadenspotenzial dieser Berufe ergeben.

Ein Beispiel:
Ein Rechtsanwalt wird von einem Mandanten haftpflichtig gemacht, weil er einen Fehler in der Vertretung seines Mandanten begangen hat und dieser dadurch den Prozess verliert und zu hohen Zahlungen verurteilt wird. Hier liegen weder Personen- noch ein Sachschaden vor, dennoch werden die geforderten Ansprüche des klagenden Mandanten von der Berufshaftpflichtversicherung abgedeckt.

Eine normale Betriebshaftpflichtversicherung versichert dagegen nur Ansprüche, die aufgrund von Personen- oder Sachschäden gestellt werden.

Eine Sonderform der Berufshaftpflichtversicherung ist die Vermögensschadenhaftpflichtversicherung, die für Berufe im Dienstleistungssektor sehr wichtig werden kann. Denn diejenigen, die durch Beratung, Verwaltung, Begutachtung, Prüfung und Beurkundung Einfluss in fremde Vermögensinteressen vornehmen, sollten sich dementsprechend absichern.

Werden Sie also für andere tätig, übernehmen Sie gewisse vertragliche Sorgfaltspflichten, die Sie auch durch Fehlinterpretation, Versehen, Nichteinhalten von Terminen usw. verletzen können. Für den dadurch entstehenden finanziellen und wirtschaftlichen Schaden am Vermögen eines Dritten müssten Sie dann selbst aufkommen, wenn Sie keine Vermögensschadenhaftpflichtversicherung haben. Ein Vermögensschaden liegt dann vor, wenn weder ein Sach- noch ein Personenschaden auszumachen ist und ein Dritter einen finanziellen Schaden erleidet.

Je nach Größe des finanziellen Schadens kann die Existenz dessen, der diesen Schaden ausgelöst hat, absolut gefährdet sein und zur Zerstörung der wirtschaftlichen Existenz führen.

Für die folgenden Berufsgruppen ist eine Berufshaftpflichtversicherung bzw. Vermögensschadenhaftpflichtversicherung wichtig:

- Anwalt / Rechtsanwalt
- Arbeitsvermittler / Personalberater
- Architekt / Ingenieur
- Auktionator
- Auskunftei / Detektei

- Bausparkassenvertreter
- Beamter / Angestellter im öffentlichen Dienst
- Bestattungsunternehmen
- Betreuer / Vormund
- Buchhalter
- Büroserviceunternehmen
- Dolmetscher / Übersetzer
- Energieberater
- Eventmanager / Veranstaltungsorganisator
- Gerichtsvollzieher / Vollziehungsbeamter
- Grafiker / Designer
- Gutachter / Sachverständiger
- Hausverwalter
- Immobilienmakler
- Inkassobüro
- IT-Dienstleister
- IT- / EDV-Beratung
- Journalist
- Notar
- Rechtspfleger
- Reisebüro
- Richter
- Schuldnerberatungsstelle
- Steuerberater
- Unternehmensberater
- Webdesigner
- Werbeagentur
- Wohnungs-/ Baubetreuungsunternehmen

Betriebshaftpflichtversicherung: Beschreibung und Leistungen

Die Betriebshaftpflichtversicherung (kurz auch BHV genannt) ist eine wichtige gewerbliche Versicherung, die einen Unternehmer vor begründeten Schadensersatzansprüchen dritter Personen absichern soll.

Werden diese Haftpflichtansprüche unberechtigterweise erhoben, nimmt die Versicherung die Rolle einer Rechtsschutzversicherung ein und versucht, die Ansprüche erfolgreich abzulehnen.

Daher wird sie auch als passive Rechtsschutzversicherung bezeichnet. Die Kosten für mögliche Gutachter, Zeugen sowie Sachverständige werden ebenfalls von der Betriebshaftpflichtversicherung übernommen.

Leistungen der Betriebshaftpflichtversicherung

Betriebshaftpflichtversicherungen sind wichtig, da es für Gewerbetreibende, Handwerker als auch Freiberufler im gewerblichen und geschäftlichen Bereich viele Unwägbarkeiten und Risiken gibt.

Die Betriebshaftpflichtversicherung sichert nur gegen Haftungsansprüche Dritter ab, was bedeutet, dass der Versicherte keine Leistungen von der BHV in Anspruch nehmen kann. In den Versicherungsschutz mit aufgenommen werden auch alle Mitarbeiter des Betriebs oder der Firma, die für den Versicherungsnehmer tätig sind. Andere Arbeitsverhältnisse wie Subunternehmer oder nicht fest angestellte Mitarbeiter werden nicht in die BHV aufgenommen. Auch Schadensansprüche, die zwischen den Mitarbeitern des Versicherten aufkommen, werden nicht von der BHV abgedeckt.

Versicherungsumfang individuell geregelt

Eine BHV versichert nur die Rechtsverhältnisse und Risiken, die der Versicherungsnehmer bei Vertragsabschluss ausdrücklich formuliert. Daher wird diese gewerbliche Versicherung jedes Mal individuell ausgehandelt und gestaltet, immer auf die Bedürfnisse des Versicherten ausgerichtet.

Für jeden, der plant, eine Betriebshaftpflichtversicherung abzuschließen, ist es unumgänglich, die Vertragsbedingungen genau unter die Lupe zu nehmen und die Leistungen den eigenen Anforderungen anzupassen. Nur so kann ein vollständiger Versicherungsschutz gegen betriebliche Risiken aufgebaut werden.

Doch was passiert mit Risiken, die erst nach Versicherungsabschluss entstanden sind? Diese Unwägbarkeiten werden zunächst mit einer Vorsorgeversicherung vorläufig abgesichert. Nach einer bestimmten Frist müssen diese dann auch in den Vertrag aufgenommen werden.

Media-Haftpflichtversicherung: Beschreibung und Leistungen

Die Media-Haftpflichtversicherung ist eine Berufshaftpflicht für alle, die im Medienbereich selbständig tätig sind, wie Web- oder Kommunikationsdesigner, Texter, Fotografen, Blogger, Consultants, Webmaster usw.

Gerade in den Medien kommt es schnell und vor allem unbeabsichtigt zu kleineren und größeren Rechtsverletzungen, die sehr teuer werden können. Eine Media-Haftpflichtversicherung sichert dabei vor allem gegen Schäden in Form von finanziellen Nachteilen Dritter ab, d. h. gegen Vermögensschäden des Auftraggebers.

Welche Schäden können im Medienbereich aufkommen?

Gerade im Internet hinkt die Rechtsprechung den schnellen Entwicklungen, wie sie beispielsweise die großen sozialen Netzwerke aufweisen, hinterher. Als beruflich Involvierter weiß man daher oft gar nicht, welche Handlungen rechtssicher sind und welche abgemahnt werden können, zumal es keine wichtigen Erfahrungswerte gibt, auf die man zurückgreifen kann.

Wie schnell hat man daher mal gegen das Persönlichkeits-, Urheber-, Marken- oder Namensrecht verstoßen, ohne es überhaupt richtig wahrgenommen zu haben, denn welche Kampagnen zum Beispiel in den Social Media rechtlich in Ordnung sind und welche nicht, dazu können selbst Juristen nicht immer eindeutige Aussagen machen.

Media-Haftpflicht schützt bei Verstößen gegen Urheber-, Marken-, Namens- und Persönlichkeitsrechte

Mit einer Media-Haftpflichtversicherung kann man sich gegen solche Verstöße absichern, beispielsweise gegen eine Abmahnung, wenn man bei einem im Netz veröffentlichten Bild das Urheber- oder Persönlichkeitsrecht der darauf gezeigten Personen nicht beachtet hat, genauso gegen Schäden bei einem Kundenprojekt, sodass diesem ein Vermögensschaden entsteht. Sowas kann u. a. einem Programmierer passieren, der ein Skript beim Kunden einspielt und dadurch die EDV-Anlage mit einem Virus lahmlegt.

Weitere Schäden können sein: Datenverlust, fehlerhafte Beratung, Programmierfehler, Webseiten-Ausfälle, Nichteinhalten von Deadlines usw.

In einer Media-Haftpflichtversicherung werden auch eigene Mitarbeiter und Subunternehmer mit aufgenommen.

Wichtig ist zu beachten, dass Verstöße gegen das Urheber-, Marken- oder Persönlichkeitsrecht erst durch die Media-Haftpflichtversicherung abgesichert sind, wenn diese im Versicherungszeitraum liegen. Hat man beispielsweise einen Blogartikel verfasst, der gegen ein der oben genannten Rechte verstößt und war man zu diesem Zeitpunkt der Artikelveröffentlichung noch nicht versichert, schützt einem die Media-Haftpflichtversicherung in diesem Fall nicht unbedingt.

Manche Media-Haftpflichtversicherungen nutzen allerdings die Schadenereignistheorie, sodass auch Schäden vor dem Versicherungsbeginn abgedeckt werden.

Schadenereignistheorie bedeutet, dass es in dem jeweiligen Schadensfall auf den Eintrittszeitpunkt des Schadens ankommt und nicht, wann der Schaden verursacht wurde.

Selbstbeteiligung bei Media-Haftpflicht?

Generell sollte man darauf achten, dass das Versicherungsunternehmen die Abmahnkosten sowie die Verfahrenskosten, Anwalts-, Zeugen-, Gerichts-, Reise- und Sachverständigenkosten übernimmt. Normalerweise wird der Versicherer auch die Schadensersatzkosten übernehmen. Dies wird eigentlich von so gut wie allen Media-Haftpflichtanbietern so gehandhabt (passive Rechtschutzversicherung).

Genauso üblich ist eine Selbstbeteiligung des Versicherungsnehmers, die in der Regel bei ungefähr 500 Euro pro Schadensfall liegt.

Aufzeichnungspflichten des Versicherungsnehmers?

Manche Media-Haftpflichtanbieter verlangen von dem Versicherungsnehmer, dass er bestimmten Dokumentierungs- und Aufzeichnungspflichten nachkommt. Nur dann ist voller Versicherungsschutz bei Rechtsstreitigkeiten geboten, wenn Sie eine Prüfung durch Experten wie beispielsweise Anwälte nachweisen können.

Einige Versicherungen sehen aber auch davon ab, wie beispielsweise die exali-Media-Haftpflicht.

Sie finden im Internet verschiedene Media-Haftpflichtanbieter wie u. a. die bekannten Versicherer exali.de und kuv24-media.de.[8] Über Versicherungskosten und weitere Details können Sie sich auf deren Portalen informieren.

Consult-Haftpflichtversicherung: Beschreibung und Leistungen

So wie die Media-Haftpflichtversicherung für alle im Medienbereich Tätigen wichtig ist, sollten Selbständige im Consulting-Bereich wie Unternehmens- oder Personalberater über eine Consult-Haftpflichtversicherung nachdenken.

Denn ein Consulter haftet für alle Schäden, die er verursacht, und zwar unbegrenzt.

Wer eine Haftungsbegrenzung in seinen AGBs einbaut, hat damit das Risiko für Schadensersatzansprüche dennoch nicht ausgeschaltet.

[8] Links zu den Versicherern: www.exali.de, www.kuv24-media.de

Welche Schäden können im Beratungsbereich aufkommen?

Ihnen als Berater können viele unbeabsichtigte Fehler unterlaufen, für die Sie vom Geschädigten haftbar gemacht werden können.

Beratungsfehler lauern überall: So ist es schon vorgekommen, dass ein Unternehmensberater einem Kunden oder Mandanten zu einer bestimmten EDV-Anlage geraten hat, die der Kunde danach nicht richtig nutzen konnte, weil die EDV-Ausstattung für die beabsichtigten Zwecke nicht geeignet war. Die Anlage musste umgerüstet werden, was weitere Kosten verursachte. Diese wurden dann dem Berater in Rechnung gestellt.

Oder Sie erstellen ein fehlerhaftes Gutachten, vergessen bei Ihrer Beratung auf Förderprogramme vom Staat hinzuweisen, Ihre Rationalisierungsratschläge führen zu keinen Einsparungen oder durch Ihre Falschberatung werden wichtige Termine für den Rechnungsversand überschritten, was zu Zinsverlusten beim Unternehmen führt.

Dies sind nur ein paar Beispiele von Schäden, die durch Falschberatung ausgelöst werden können und meist haben diese Schäden hohes finanzielles Potential, d. h. sie werden so richtig teuer.

Verfügen Sie über keine Consult-Haftpflichtversicherung, dann müssen Sie als Unternehmer unbegrenzt mit Ihrem betrieblichen und privaten Vermögen haften, was schließlich zur geschäftlichen Insolvenz führen kann. Auch als GmbH oder mit formulierten Haftungsbeschränkungen in den AGB müssen Sie oft in solchen Schadensfällen leisten.

Falls Sie über eine Betriebshaftpflichtversicherung verfügen, schützt die Sie bei Abwehr unberechtigter Forderungen sowie berechtigter Schadensanspruchsforderungen. Dennoch werden durch diese Versicherung nicht alle Vermögensschäden wie z. B. durch Fehlberatung abgedeckt.

Anbieter von Consult-Haftpflichtversicherungen

Wer online nach Anbietern von Consult-Haftpflichtversicherungen sucht, dem fallen vor allem die beiden Anbieter AFM-Consult sowie exali ins Auge, die sich auf solche beruflichen Haftpflichtversicherungen spezialisiert haben.[9]

Beide bieten auf ihren Internetportalen auch Tarifrechner an, mithilfe derer man seinen Jahresbeitrag für eine Consult-Haftpflicht ausrechnen kann.

[9] Links zu den Versicherern: www.exali.de, www.afm-consult.de

Betriebsunterbrechungsversicherung

Unter einer Betriebsunterbrechungsversicherung ist eine Sammelbezeichnung für solche Versicherungen zu verstehen, die einen Versicherungsschutz gewähren, wenn die betriebliche Leistungserstellung durch Unterbrechung beeinträchtigt wird.

Risikoobjekt ist somit der versicherte Betrieb eines Unternehmers. Denn fallen Technik wie EDV- oder Telefon-Anlage aus usw., können in vielen Betrieben keine Erträge mehr erwirtschaftet werden. Dabei muss es nicht zum kompletten Betriebsausfall kommen, es reicht schon aus, dass durch den entstandenen Schaden der Betrieb nicht mehr wie zuvor weitergeführt werden kann.

Während diesem Schadenszeitraum tritt die Betriebsunterbrechungsversicherung ein, bis der Betrieb wieder arbeitsfähig ist. Die Versicherung übernimmt vor allem die laufenden Kosten (Zinsen, Löhne, Miete usw.) sowie den entgangenen Gewinn, den der Betrieb im Falle des Nichtschadens in dem Zeitraum erwirtschaftet hätte.

Für Freiberufler gibt es eine spezielle Betriebsunterbrechungsversicherung, die sogenannte Praxisausfallversicherung, die die laufenden Kosten wie Löhne, Miete usw. zahlt, falls der Unternehmensinhaber wegen Krankheit oder Unfall ausfällt.

Einbruchdiebstahlversicherung

Wer sich im gewerblichen Bereich vor Einbruchsdiebstählen absichern will, muss meist eine eigenständige Versicherung abschließen. Im privaten Bereich ist die Einbruchdiebstahlversicherung in der Gebäude- oder Hausratversicherung enthalten.

Definition von Einbruchdiebstahl

Es handelt sich um Einbruchdiebstahl, wenn eine unbefugte Person in das Firmen- oder Unternehmensgebäude eindringt und dabei erschwerende Hindernisse, die nicht für das Betreten bestimmt sind, überwindet, und Gegenstände unrechtmäßig entwendet.[10]

Meist werden dabei Fenster und Türen aufgebrochen und beschädigt, aber auch der unberechtigte Zugang mit widerrechtlich nachgefertigten Schlüsseln oder ähnliche Vorgehensweisen fallen unter Einbruchdiebstahl.

Ebenso wird ein Einbruchdiebstahl gewertet, wenn die unbefugte Person zwar einen freien Zugang zum Firmengebäude hat, dort allerdings ein fest verschlossenes Behältnis unter Gewalteinwirkung aufbricht, um sich beispielsweise Zugang zu einem Tresor oder einer Kasse zu beschaffen.

Nicht als Einbruchdiebstahl eingestuft werden Fälle, bei denen sich Mitarbeiter rechtlich oder widerrechtlich Zugang zu den Gebäuden verschaffen und Gegenstände stehlen. Dieser Schaden muss über eine Vertrauensschadens-versicherung abgedeckt werden.

Auch Schäden, entstanden durch Vandalismus oder Schäden, die nicht durch die Folge eines Einbruchdiebstahls zustande gekommen sind, werden nicht von der Einbruchdiebstahlversicherung übernommen. Letzteres kann eintreten, wenn nicht ins Firmengebäude eingebrochen wird, sondern nur Gegenstände auf dem Betriebsgelände gestohlen werden.

Wer eine solche Versicherung abschließt, sollte im Vorfeld alle Fallstricke abklären, die der Versicherungsumfang mit sich bringt. Meist wird nur ein umfassender Versicherungsschutz mit weiteren ergänzenden Versicherungsformen erreicht.

---

[10] Quelle: http://www.top-versicherungslexikon.de/lexikon/Einbruchdiebstahl/

Elektronikversicherung

Fast jedes Unternehmen – auch ein Ein-Personen-Betrieb verwendet für die tägliche Arbeit elektronische Geräte wie eine EDV- oder Telefonanlage, speichert wichtige Geschäftsdaten ab usw.

Dass diese Technik auch Schaden nehmen kann, bedenken nur wenige. Inwieweit diese Geräte auch dagegen abgesichert sein sollten, kommt auf deren Wert an.

Eine kleine Ausstattung, so wie sie oben genannt wurde, kann im Rahmen einer gewerblichen Inventarversicherung mitversichert sein. Die Inventarversicherung übernimmt aber nur Schaden von Geräten, die sich an einem Ort befinden oder dort eingesetzt werden.

Teure elektronische Geräte, die an unterschiedlichen Orten verwendet werden wie beispielsweise Musikanlagen von Konzertveranstaltern fallen nicht darunter. Diese können nur über eine Elektronikversicherung oder über eine Veranstalter-Haftpflichtversicherung (bei nicht so kostspieligen Geräten) abgesichert werden.

Wann ist eine Elektronikversicherung sinnvoll?

Liegt der Wert der technischen Ausstattung über einer bestimmten Wertgrenze, die von der Inventarversicherung nicht mehr übernommen wird, muss eine eigene Elektronikversicherung abgeschlossen werden.

Eine solche Versicherung ist vor allem zu empfehlen, wenn die elektronischen Unternehmensgeräte sehr teuer sind und/oder ein Ausfall enorme Einnahmensverluste verursacht oder der Betrieb teure Elektronikgeräte produziert.

Eine Elektronikversicherung kann kaum pauschal abgeschlossen werden. Zuerst sollte der Wert aller zu versichernden Maschinen und elektronischen Geräte ermittelt werden, bevor ein Vertrag ausgearbeitet wird.

Wer schon eine Inventarversicherung abgeschlossen hat, kann meist durch eine Elektronik-Police den Versicherungsschutz aufstocken, um die Lücke zwischen dem Wert der elektronischen Geräte und der finanziellen Obergrenze, die bei Schaden übernommen wird, zu schließen.

Feuerversicherung

Wer sein Firmengebäude vor Feuerschäden absichern will, muss eine eigenständige Feuerversicherung abschließen. Für private Wohngebäude ist diese Absicherung meist in den Policen der Gebäude- und Hausratsversicherung enthalten.

In der gewerblichen Feuerversicherung werden nicht nur die durch das Feuer entstandenen Schäden abgesichert, sondern u. a. auch die Betriebsunterbrechung und andere Faktoren, die mit dem Feuerausbruch verbunden sind und die Betriebsweiterführung beeinträchtigen oder sogar unmöglich machen.

Darüber hinaus übernimmt die gewerbliche Feuerversicherung auch alle Schäden, die durch Brandstiftung ausgelöst wurden, außer es stellt sich heraus, dass der Firmenchef oder der Unternehmer selbst den Brand verursacht hat. Die Versicherung wird zudem bemüht sein, den Brandstifter dingfest zu machen und von ihm Schadensersatz zu fordern.

Aus welchem Grund ein Feuer im Unternehmensgebäude ausbrach, ist meist unerheblich für die Versicherungsleistung. Neben Brandstiftung werden ebenfalls Feuerschäden, ausgelöst von Blitzschlag, Überspannungen oder defekten Geräten, von der Feuerversicherung übernommen.

In Deutschland bieten zahlreiche Versicherungsgesellschaften gewerbliche Feuerversicherungen an. Möglich ist auch eine kombinierte Versicherung gegen Feuerschäden, Hochwasser oder Hagel.

Bevor Sie eine gewerbliche Feuerversicherung oder eine Versicherung, die gegen verschiedene Elementarereignisse absichert, abschließen, sollten Sie sich von einem unabhängigen Versicherungsberater ausführlich informieren lassen und erst dann entscheiden, welchen Versicherungsschutz Sie wirklich benötigen.

KFZ-Haftpflichtversicherung

Die KFZ-Haftpflichtversicherung ist eine Pflichtversicherung, über die Schadensansprüche eines Dritten, die durch das Kraftfahrzeug des Versicherungsnehmers im Straßenverkehr verursacht wurden, abgedeckt werden.

Normalerweise ist der Fahrer, der den Schaden oder den Unfall verursacht hat, verpflichtet für den Schadensersatz aufzukommen. Aber auch der Halter des Fahrzeugs kann zum Schadensersatz herangezogen werden, auch wenn ihn kein eigenes Verschulden am Unfall trifft.

Sie sind als Halter/in eines KFZ-Fahrzeugs in Deutschland verpflichtet, eine KFZ-Haftpflichtversicherung abzuschließen. Dabei muss das entsprechende Versicherungsunternehmen einen Antrag auf KFZ-Haftpflichtversicherung akzeptieren und darf diesen nur in bestimmten Ausnahmefällen verweigern.

Die KFZ-Haftpflichtversicherung deckt folgende Schäden ab:

- Schäden an Personen (Heilungskosten/Rentenzahlung bei Invalidität)
- Sachschäden (Fahrzeugreparaturen und Reparaturen an beschädigten Objekten)
- Immaterielle Schäden
- Vermögensschäden

Der betroffene Fahrzeugführer ist in der KFZ-Haftpflichtversicherung nicht mitversichert. Was die KFZ-Haftpflichtversicherung noch ausmacht, ist ihre Regulierungsvollmacht, denn sie hat die Möglichkeit, Schäden zu regulieren, auch gegen den Willen des Versicherten. Dafür verfügt der Versicherungsnehmer in solch einem Fall über ein außerordentliches Kündigungsrecht.

Große Beitragsschwankungen bei den verschiedenen Versicherungsanbietern

Wenn Sie die Versicherungsangebote von mehreren Versicherungsunternehmen vergleichen, werden Sie deutliche Preisunterschiede feststellen. Daher sollten Sie ausführliche Vergleiche anstellen.

Der Beitrag der KFZ-Haftpflichtversicherung gestaltet sich u.a. folgendermaßen:

Es wird ein sogenannter Schadenfreiheitsrabatt angerechnet, d. h. je nachdem wie lange der Vertrag ohne Schäden läuft, reduziert sich das Bonus/Malus-System um eine bestimmte Prozentzahl, oft bis zu 75 Prozent.

Außerdem fließen in die Versicherungsprämien die Typklasse des Fahrzeugs (Schadenhäufigkeit sowie Reparaturkosten eines bestimmten KFZ-Modells), die

Regionalklasse des Zulassungsortes (Schadenhäufigkeit in einem regional abgegrenzten Gebiets) sowie andere Merkmale wie beispielsweise Alter und Beruf des Versicherungsnehmers, Alter des Fahrzeugs, Abstellplatz des Fahrzeugs, jährliche Fahrleistung usw. mit ein.

Ein wesentliches Kriterium ist beispielsweise die **Einstufung in eine Schadenfreiheitsklasse**, die kennzeichnet, wie viele Jahre Sie Auto fahren, ohne einen Schaden gemeldet zu haben.

Die Einstufung in die sogenannten SF-Klassen ist ziemlich kompliziert. Allgemein gilt, dass man nach einem Kalenderjahr ohne Schaden eine bessere Stufe erreicht und bei einem Unfall dann wieder eine Rückstufung erfolgt. Der Beitrag wird um so niedriger, d. h. preiswerter, desto höher die SF-Klasse ist.

Verursachen Sie über viele Jahre keine Versicherungskosten, desto höher steigen Sie in der SF-Klasse und Ihr Beitrag sinkt deutlich. Daher lohnt es sich, für kleinere Schäden finanziell selbst einzuspringen und damit die Versicherungsbeiträge auf Dauer zu senken.

Wer zum ersten Mal einen Wagen zulässt, der wird meistens in die sehr teure Klasse SF 0 eingestuft, was bei den meisten Versicherungen 240 Prozent des Grundbeitrags bedeutet.

Eine genaue Übersicht über die Schadenfreiheitsklassen finden Sie auf Comfortplan.de.[11]

Leicht ist es wirklich nicht, den Rabatt-Dschungel der KFZ-Versicherer zu durchschauen. Die Beitragsunterschiede können zwischen manchen Versicherungsanbietern sehr stark variieren und sogar mehrere Hundert Euro ausmachen.

„Gute Risiken“ werden mit geringeren Versicherungsbeiträgen belohnt

Die vielen Rabatte sind gerade von Vorteil für solche Kunden, die von den Versicherungen als „gute Risiken“ eingestuft werden. Unter „guten Risiken“ verstehen die Versicherungsgesellschaften bestimmte Merkmale von Kunden, so zum Beispiel wenn Sie wenig mit Ihrem Auto fahren, eine Garage besitzen, mittleren Alters und weiblich sind. Denn mit diesen Eigenschaften sind Sie weniger in Autounfälle verwickelt und belasten damit nicht die Versicherungen mit Zahlungen.

Selbständige haben in dieser Hinsicht oft schlechtere Karten, denn viele sind täglich zu Kunden unterwegs und müssen daher auch einen Vielfahrerzuschlag hinnehmen.

---

[11] Link zur Übersicht der Schadensfreiheitsklassen: http://www.comfortplan.de/autoversicherung/schadenfreiheitsklassen.html

Rabatte in der KFZ-Versicherung hängen oft von bestimmten Bedingungen ab. So sollten Sie meistens älter als 25 Jahre sein, nur selbst mit dem Auto fahren und mindestens in SF-Klasse ½ eingestuft sein. Außerdem stehen in manchen Verträgen Auflagen, die man nicht immer einhalten kann, beispielsweise die Auflage, dass das Auto ab 22 Uhr immer in der Garage stehen soll.

Genauso können bestimmte Leistungen wie Schutz gegen Marderbissschäden, erweiterte Übernahme von Wildschäden, die Einstufung eines Fahranfängers in die günstige SF-Klasse ½ oder ein Schwerbehindertennachlass eine Police attraktiv machen.

Überlegen Sie sich daher im Vorfeld genau, was Sie wirklich benötigen, welche Zusatzleistungen für Sie attraktiv sind und welche Sie nicht brauchen.

Freiwillige Versicherungen: Teilkasko- und Vollkasko

Die Teilkasko- und Vollkaskoversicherung sind freiwillige Leistungen, also nicht gesetzlich vorgeschrieben.

Bei der Teilkaskoversicherung werden folgende Schäden von der Versicherung übernommen: Diebstahl und Schäden wie Sturm, Hagel, Brand, Explosion, Marderbiss, Unfälle mit Haarwild.

Die Vollkaskoversicherung übernimmt neben den Schäden, die von der Teilkasko übernommen werden, auch Vandalismus und Schäden am eigenen KFZ, die von Ihnen selbst verschuldet wurden.

Die Teil- und Vollkaskoversicherung kommen dagegen nicht für Schäden anderer Verkehrsteilnehmer auf. Sie decken nur Schäden an Ihrem eigenen Fahrzeug ab.

Es ist empfehlenswert, zumindest eine Teilkaskoversicherung abzuschließen, weil Ihnen dann Schäden ersetzt werden, auf deren Verursachung Sie kaum oder gar keinen Einfluss haben. Bei einem Neuwagen sollte auch eine Vollkaskoversicherung in Betracht gezogen werden, denn so zahlt die Versicherung Schäden, die Sie selbst oder Unbekannte verursacht haben.

Bei selbst verursachtem Totalschaden würden Sie ohne Vollkasko auf den Wiederanschaffungskosten sitzen bleiben. Natürlich ist diese Versicherungsleistung teurer als Teilkasko und es hängt von jedem selbst ab, wann er daraus wieder aussteigt, Geld spart und hoffentlich keinen Eigenunfall mit hohem Schaden hinlegt.

Sonderkündigungsrecht bei Beitragserhöhung

Meist laufen die KFZ-Versicherungen bis zum 1. Januar eines Jahres und Sie können diese einen Monat vorher kündigen. Das heißt, dass bis zum 30. November Ihr Kündigungsschreiben bei Ihrer alten Versicherung vorliegen muss.

Steigen Ihre Beiträge zur KFZ-Versicherung an, dann haben Sie die Möglichkeit des Sonderkündigungsrechts. Sie können fristlos kündigen und sich eine günstigere Versicherung suchen. Meistens übernimmt die neue Versicherung die Kündigung bei der alten. Innerhalb eines Monats nach Mitteilungseingang der Beitragserhöhungen haben Sie Zeit, zu handeln und die Versicherung zu wechseln.

Weitere Tipps und Informationen zur KFZ-Versicherung

Autokauf: Wenn Sie sich ein neues Auto kaufen, sollten Sie vorher prüfen, in welcher Typklasse das Auto eingeordnet wird. Mit diesem Check können Sie vorab ungefähr abschätzen, wie hoch die Versicherungskosten sein werden.

Für sehr teure Wagen kann es schwierig sein, überhaupt einen Versicherungsschutz im Kaskobereich zu finden. Nähere Informationen dazu finden Sie auf der Website von KFZ-Auskunft.[12]

Bagatellschäden am Wagen: Kleinere Schäden bezahlen Sie am besten selbst, denn so können Sie den Schadenfreiheitsrabatt bekommen. Eine Rückstufung in eine niedrigere und damit ungünstigere SF-Klasse kann dagegen sehr viel teurer werden. Auf der Website von Autoversicherung-Tarife finden Sie Details zu den einzelnen SF-Klassen. [13]

Kündigung der KFZ-Versicherung: Sie sollten Ihre alte Versicherung erst kündigen, wenn Sie von der neuen auch wirklich akzeptiert wurden. Die Versicherungsunternehmen im Kasko-Bereich sind nicht verpflichtet, jeden aufzunehmen.

Außerdem sollten Sie die Kündigung per Einschreiben mit Rückschein versenden, damit sich die alte Versicherung nicht herausreden kann, sie hätte die Kündigung nie per Post erhalten.

Kleingedrucktes: Wenn Sie eine neue KFZ-Versicherung abschließen, achten Sie auch auf das Kleingedruckte. Denn die Versicherungsunternehmen erheben gerne mal Zuschläge für längere Fahren im Ausland oder wenn mehrere Leute das Auto nutzen.

Versicherungswechsel: Vier Wochen vor Ablauf des Versicherungsjahres haben Sie die Möglichkeit, ihre alte KFZ-Versicherung zu kündigen. Das Kündigungsschreiben muss spätestens bis zum 30. November bei dem Versicherungsunternehmen eingegangen sein.

[12] Link zur KFZ-Auskunft: http://www.kfz-auskunft.de/news/10041.html

[13] Link zu den Autoversicherungstarifen: http://www.autoversicherung-tarife.de/sf-klassen.php

Sie können auch außerhalb dieser ordentlichen Frist kündigen, beispielsweise bei Neukauf eines Autos, bei einer Prämienerhöhung der Versicherung, Fahrzeugverschrottung und im Schadensfall.

Versicherungsbeschwerden: Wenn Sie sich bei Ihrer KFZ-Versicherung beschwert, aber nichts Positives erreicht haben, können Sie sich an die BaFin (Bundesanstalt für Finanzdienstleistungsaufsicht) wenden.

Die Rufnummer des Verbrauchertelefons lautet: 0228 / 299 70 299 und ist werktags von 8:00 bis 18:00 Uhr erreichbar. Der Internetauftritt der BaFin lautet: www.bafin.de.

Leitungswasserversicherung

Die Leitungswasserversicherung gibt es heute nur noch im gewerblichen Bereich. Im privaten Bereich werden Wasserschäden, ausgelöst u. a. durch defekte Wasserleitungen, von Gebäude- oder Hausratsversicherungen abgedeckt.

Aber auch Unternehmen können sich entscheiden, ob sie eine Leitungswasserversicherung allein oder in Kombination mit anderen Versicherungen, wie beispielsweise mit einer Feuerversicherung, abschließen. Die Vorteile dieser Kombinationsversicherungen liegen in günstigeren Tarifen, haben aber auch meist einen geringeren Leistungsumfang als Einzelversicherungen.

Die Leitungswasserversicherung sichert nur gegen Schäden ab, die durch Leitungswasser entstanden sind, dazu gehören keine Schäden, die durch Hochwasser ausgelöst wurden. Unter Leitungswasser ist Wasser zu verstehen, das sich in einem Rohrsystem befindet oder aus Armaturen oder daran angeschlossenen Einrichtungen austritt.

Die Leitungswasserversicherung übernimmt Schadensfälle, die durch auslaufendes Leitungswasser aufgekommen sind, wie Schäden durch Rohrbrüche, defekte Armaturen, durch Frost aufgeplatzte Leitungen usw. Auch die Kosten, die durch Maßnahmen entstehen, die notwendig sind, um an die Schadensstelle vorzudringen, werden von der Versicherung übernommen.

Schäden durch Korrosion werden meist nur gegen einen Aufpreis abgedeckt. Ob diese Schadensfälle von Ihrer Versicherung übernommen werden, sollten Sie daher vor Vertragsabschluss klären.

Meistens werden Schäden, die an Rohrleitungen außerhalb des Unternehmensgebäudes entstehen, nicht von der Leitungswasserversicherung übernommen. Genauso wenig sind Schäden durch verstopfte Rohre oder Leitungen im Versicherungsumfang. Hier hat der Versicherungsnehmer eine gewisse Sorgfaltspflicht zu leisten und darauf zu achten, dass solche Schäden nicht aufkommen.

Maschinenversicherung

Bei der Maschinenversicherung handelt es sich um eine Absicherung von einzelnen Unternehmensposten. Normalerweise sind Maschinen über die gewerbliche Inventarversicherung mit abgesichert, meist aber nur bis zu einem gewissen Wert.

Wer in seinem Betrieb oder seiner Firma kostspielige Maschinen, die mehrere Millionen Euro wert sind, einsetzt, bekommt über die Inventarversicherung diese Werte nicht vollständig abgedeckt.

Daher wurde für diesen speziellen Bereich die Maschinenversicherung entworfen, über die sich einzelne teure Maschinen explizit im Versicherungsvertrag versichern lassen oder auch der ganze Maschinenpark eines Betriebes. Die Maschinen können sowohl ortsgebunden oder beweglich sein, d. h. sie werden an unterschiedlichen Standorten eingesetzt. Gerade für Baufirmen empfiehlt sich solch eine Maschinenversicherung, da die Baugeräte wie Bagger, Kran usw. als Maschinen eingestuft werden und nicht als Fahrzeuge.

Ebenfalls ist eine Versicherung für Maschinen für solche Betriebe wichtig, die selbst Maschinen produzieren, diese im Unternehmen lagern und zum Kunden bzw. Händler transportieren. Dabei kann es nicht allzu selten zu großen Schäden kommen, beispielsweise zu Unfällen oder sonstigen Zwischenfällen.

Eine Maschinenversicherung ist nicht notwendig, um Schadensersatzforderungen von Kunden abzudecken, an die Maschinen verkauft wurden. Dafür gibt es die Produkthaftpflichtversicherung.

Beim Abschluss einer Maschinenversicherung muss unbedingt darauf geachtet werden, dass die möglichen Schadensfälle alle in den Vertrag mit aufgenommen werden, sei es Schäden, die durch unsachgemäße Anwendung der Maschine entstehen (beispielsweise wenn ein Arbeiter mit einem Bagger ein anderes Fahrzeug beschädigt), als auch Schäden, die an der Maschine selbst vorkommen können (beispielsweise ein Motorschaden an einem Bagger, ausgelöst durch falsche Bedienung).

Produkthaftpflichtversicherung

In den Policen einiger Haftpflichtversicherungen wird eine konventionelle Produkthaftpflichtversicherung mit abgedeckt. Diese sichert gegen alle Gefahren ab, die durch das Produkt selbst aufkommen können. Personen- sowie Sachschäden werden von der Versicherung übernommen.

Dennoch reicht diese Absicherung (in der Betriebshaftpflicht enthalten) in vielen Betrieben und Unternehmen nicht aus, sodass Deckungslücken entstehen können. Denn was ist, wenn dem Kunden durch Produktfehler Vermögensschäden zugefügt werden?

Um sich vor solchen Schadensansprüchen vollkommen abzusichern, sollte eine eigene Produkthaftpflichtversicherung abgeschlossen werden. Sie übernimmt alle Kosten für die Schäden, die nach der Produktherstellung und der Auslieferung des Produktes aufkommen können. Dagegen deckt die Produkthaftpflicht in der Betriebshaftpflichtversicherung nur Schäden ab, die während der Produktion aufkommen.

Sie können eine Produkthaftpflichtversicherung auf Ihre betrieblichen Anforderungen zuschneiden, meist setzt sie sich aus mehreren Bausteinen zusammen, die frei auswählbar sind.

Die preiswertere Grundabsicherung springt bei Schäden ein, die durch die Produktverwendung bzw. den Produkteinsatz beim Kunden oder Endabnehmer entstehen bzw. wenn die Produkte in fehlerhaftem Zustand geliefert wurden oder eine vom Hersteller zugesagte Eigenschaft nicht aufweisen.

Weitere mögliche Zusatzbausteine wären beispielsweise, dass die Versicherung bei Schäden einspringt, die dadurch entstanden sind, weil der Kunde das Produkt selbst weiterverarbeitet oder mit anderen Produkten vermischt, sodass ein fehlerhaftes Produkt entsteht (was bei fehlerhaften Baustoffen der Fall sein könnte, die letztendlich zu einer mit Mängel behafteten Immobilie führen).

Gewerbliche Rechtsschutzversicherung

Gerade im geschäftlichen Bereich können sehr kostspielige gerichtliche Auseinandersetzungen Ihre selbständige Tätigkeit aufs Spiel setzen und das Aus Ihres Unternehmens bedeuten, zumal Gerichtsprozesse relativ häufig vorkommen. Viele Unternehmen gehen heutzutage schon wegen den geringsten Unstimmigkeiten vor Gericht.

Aus diesem Grund sollten Sie eine gewerbliche Rechtsschutzversicherung abschließen. Die Rechtsschutzversicherung springt für die Kosten des Gerichtsprozesses ein, aber auch für die Kosten von Anwälten und Gutachtern sowie für das Vorladen von Zeugen. Für die Kostenübernahme ist es auch ohne Belang, ob Sie eine Mitschuld an dem Rechtsstreit haben oder nicht.

Die Rechtsschutzversicherung für den gewerblichen Bereich zählt zu den individuellsten betrieblichen Versicherungen, da der Versicherungsschutz so optimal wie es nur geht auf die persönlichen Anforderungen des Unternehmers und dessen Firma abgestimmt werden sollte. Ansonsten besteht nur ein grundlegender Schutz, der so allgemeine Bereiche wie Strafrechtsschutz, Arbeitsrechtsschutz, Verwaltungs- und Datenrechtsschutz beinhaltet.

Weiterer Versicherungsschutz muss mit dem Versicherungsunternehmen ausgehandelt werden. Aus diesem Grund schwanken die Tarife für eine gewerbliche Rechtsschutzversicherung sehr stark, u. a. hängen sie auch von dem Faktor ab, ob in dem jeweiligen Geschäftsbereich gerichtliche Auseinandersetzungen sehr häufig vorkommen.

Wer die Versicherungsbeiträge etwas niedriger halten will, der kann auch eine Selbstbeteiligung in die Vertragsregelungen mit aufnehmen oder nur einen bestimmten Bereich abdecken lassen, in dem die Wahrscheinlichkeit hoch ist, einmal in einen Rechtsstreit verwickelt zu werden und der dann wirklich kostspielig werden könnte.

Sturmversicherung

Da in den vergangenen Jahren die Wahrscheinlichkeit, einen Sturmschaden zu erleiden, auch in Deutschland immer größer geworden ist, hat die Sturmversicherung als gewerbliche Versicherung an Bedeutung gewonnen.

Im privaten Bereich muss sie nicht extra abgeschlossen werden, da sie meist in der Gebäudeversicherung mit aufgenommen ist. Im gewerblichen bzw. betrieblichen Bereich muss sie als eigenständige Versicherung abgeschlossen werden.

Doch es werden nicht alle Sturmschäden von der Sturmversicherung übernommen. Die vertraglichen Bedingungen definieren einen Sturm, wenn Luftbewegungen, die eine Windstärke von mindestens acht auf der amtlich geltenden Sturmskala erreichen, vorliegen und Schäden an Gebäuden oder sonstigem Firmenbesitz verursacht haben.

Welche Schäden übernimmt die Sturmversicherung?

Wenn ein Sturm mit der Mindeststärke 8 direkte Schäden an Firmengebäude oder an beweglichen Gegenständen der Firma verursacht, werden diese von der Sturmversicherung übernommen. Schäden an Kraftfahrzeugen sind meist nicht in den Vertragsbedingungen enthalten, da dafür häufig die bestehende Kaskoversicherung einspringt.

Aber auch indirekte Schäden durch heftige Stürme übernimmt die Sturmversicherung, wie beispielsweise Gebäude- oder Maschinenschäden durch umfallende Bäume, die durch den Sturm entwurzelt wurden. Genauso können herabfallende Dachziegel oder andere durch den Sturm herumfliegende Gegenstände und Teile Schäden auslösen. Darüber hinaus kann der Sturm Eingänge oder Fenster zerstören, sodass dann Wasser, Hagelkörner oder Schnee in das Gebäude eindringen. Die dadurch aufkommenden Schäden werden auch von der Sturmversicherung abgedeckt.

Gegenstände, die sehr sturmgefährdet sind, wie Antennen, Markisen oder Firmen- bzw. Werbeschilder, können von der Sturmversicherung ausgeschlossen werden. Manche Versicherungsgesellschaften gewähren gegen Aufpreis die Versicherung solcher „sturmempfindlicher“ Objekte.

Vertrauensschadenversicherung

Eine Vertrauensschadenversicherung sichert ein Unternehmen gegen Schäden ab, die durch Mitarbeiter verursacht wurden. Zwar hofft jeder Firmenchef, dass seine Angestellten sich ihm und der Firma gegenüber loyal verhalten, dennoch ist diese Hoffnung meist nur ein wirklichkeitsfremder Traum.

Denn in vielen mittelständischen Betrieben und vor allem in großen Unternehmen entstehen immer mehr Schäden, die durch Veruntreuung, Unterschlagung von Unternehmenseigentum oder Diebstahl ausgelöst werden.

Um die Unternehmen von den Schadensfolgen zu bewahren, wurde vor mehreren Jahren die Vertrauensschadenversicherung ins Leben gerufen. Dabei werden über die Versicherung auch automatisch neue Mitarbeiter mitversichert, allerdings müssen diese spätestens nach einem Versicherungsjahr bei dem Versicherungsunternehmen gemeldet werden.

Die von der Vertrauensschadenversicherung übernommenen Schäden fallen meist in die Kategorie „Wirtschaftskriminalität". Dazu gehören Diebstahl von Firmeneigentum, Urkundenfälschung, Unterschlagung, Betrug und Spionage.

Das Versicherungsunternehmen der Vertrauensschadenversicherung kann jederzeit verlangen, Einblicke in die Arbeitszeugnisse der Mitarbeiter zu erhalten und hat auch das Recht, einzelne Mitarbeiter aus dem Versicherungsvertrag auszuschließen, wenn diese in der Vergangenheit schon mehrfach strafrechtlich auffällig geworden sind und die Vorfälle in der Mitarbeiterakte oder im Arbeitszeugnis vermerkt wurden.

Eine Vertrauensschadenversicherung lohnt sich besonders für solche Unternehmen und Betriebe, die mit sehr teuren und sensiblen Daten arbeiten oder Handel betreiben als auch für Unternehmen, die hochwertige und teure Produkte herstellen oder verkaufen.

Beim Vertragsabschluss sollte man mit dem Versicherungsunternehmen die individuellen Bedingungen einzeln aushandeln. Entscheidend für die Beitragshöhe der Versicherung ist die Anzahl der Mitarbeiter und die Branche des Unternehmens.

Weitere Beiträge zu betrieblichen Versicherungen

Rechtsform der GmbH schützt nicht generell vor privater Haftung

Viele Selbständige entscheiden sich bei der Firmengründung für die Rechtsform der GmbH, UG (haftungsbeschränkt) oder Limited, in der Annahme, nur beschränkt haften zu müssen im Falle von Schadensanspruchsforderungen.

Doch die Vermutung, dass Selbständige in den oben genannten Rechtsformen mit ihrem privaten Vermögen niemals haften müssen, ist schlichtweg falsch. Denn falls ein Schadensfall eintritt, haftet der Selbständige als „juristische Person" wie ein Einzelunterunternehmer.

Sollte also wirklich ein Dritter wegen einer Nichterfüllung oder wegen Schlechtleistung Schadensansprüche stellen, wird zuerst das Firmenvermögen herangezogen. Reicht dieses nicht aus, muss der Unternehmer auch mit seinem Privatvermögen haften. Was letztendlich - je nach Höhe der Schadensforderung - zur Zahlungsunfähigkeit und damit zur Insolvenz führen kann.

Zwar schützt die Gesellschaft mit beschränkter Haftung den oder die Gesellschafter vor dem Zugriff der Gläubiger auf das Privatvermögen, der Geschäftsführer ist von dieser Regelung allerdings ausgeschlossen. Das heißt konkret, dass ja viele Ein-Personen-GmbHs gegründet werden, wo der Geschäftsführer und Gesellschafter ein- und dieselbe Person sind. Und diese müssen, wenn sie grob fahrlässig oder vorsätzlich ihre Pflichten verletzen, grundsätzlich für den entstandenen Schaden gegenüber den Gesellschaftern oder der Gesellschaft haften (also sich selbst gegenüber, da sie sowohl Geschäftsführer als auch Gesellschafter in Personalunion sind).

Vor allem dann, wenn ein Insolvenzverfahren ansteht, kann der Insolvenzverwalter auf das Privatvermögen des Geschäftsführers zugreifen, sollte dieser sich nicht pflichtgemäß verhalten haben.

Besonders bei einem Verstoß gegen die Sorgfaltspflichten, Schulden der GmbH sowie Missmanagement lässt sich eine persönliche Haftung des Geschäftsführers ableiten.

Um diesem Risiko der privaten Haftung zu entgehen, sollten sich auch Geschäftsführer von Ein-Personen-GmbHs oder von UGs durch eine geeignete **Berufshaftpflichtversicherung** mit einer ausreichend hohen Versicherungssumme absichern, um den finanziellen Schaden bei Schadensforderungen möglichst klein zu halten und um ihr Unternehmen nicht in seiner Existenz zu gefährden.

Wichtige Informationen zur Firmenversicherung/ Gewerbeversicherung

Als Arbeitgeber oder selbständig Tätiger brauchen Sie einen besonderen Versicherungsschutz, der Ihr Firmeninventar, Ihre Mitarbeiter und Sie als Geschäftsführender absichert.

Es können mit einer Firmen-/Gewerbe- oder Betriebsversicherung ganz verschiedene Bereiche versichert werden. Für welche Sie sich entscheiden, hängt von der Art Ihrer selbständigen Tätigkeit und Ihrer Situation ab.

Um sich möglichst genau zu versichern, sollten Sie daher im Vorfeld einen Versicherungsexperten heranziehen, der mit Ihrer Hilfe eine Analyse erstellt, um herauszufinden, was Sie an Versicherungsschutz benötigen.

Risikogruppen bezüglich der Firma

Bei der Firmen- oder Gewerbeversicherung werden vier Arten von Risiken bezüglich der Firma und deren Führung unterschieden:

1. Risiken des Unternehmers:

- Krankheit
- Tod
- Unfall
- Berufsunfähigkeit

2. Schädigung oder Verlust des eigenen Vermögens:

- Brand
- Diebstahl
- Wasserschaden
- Betriebsausfall bzw. -pause
- Ausfall der Firmenelektronik, Datenverlust

3. Schädigung Dritter:

- Haftung wegen Vertragsbruchs (z. B. bei Produktausfall)
- Haftung wegen gesetzlicher Ansprüche von Unbeteiligten (z. B. Verletzung eines Passanten)
- Haftung wegen Fehlberatung

4. Risiken der Mitarbeiter:

- Krankheit
- Tod
- Unfall

- Berufsunfähigkeit
- Altersvorsorge

Zunächst ist es wichtig, die Risiken abzusichern, die die Existenz des Betriebs oder der Firma gefährden, wie Krankheit oder Berufsunfähigkeit des Firmenleiters. Hier kommen Betriebshaftpflicht-, Berufshaftpflicht- oder eine Vermögenshaftpflichtversicherung ins Spiel.

Danach gilt es, sich gegen Gefahren von wirtschaftlicher Belastung, die nicht die Existenz des Betriebes gefährden, abzusichern. Dazu gehören Einbruchsdiebstahl, Wasser- und Brandschäden.

Der letzte Schritt berücksichtigt Gefahrenkategorien, die finanziell nicht sehr bedrohlich sind, wie Glasschäden. Ob Sie eine solche Absicherung überhaupt benötigen, entscheidet sich aus Ihrer individuellen Situation heraus.

Die Absicherung gegen existenzgefährdende Risiken ist das allerwichtigste bei einer Firmen- oder Gewerbeversicherung.

Beitragsberechnung der Firmenversicherung

Der Versicherungsbeitrag errechnet sich nach der Versicherungssumme, die dem aktuellen Wiederbeschaffungswert gleichkommen sollte. Die Versicherungssumme wird meistens jährlich an den realen Wert angepasst, weil durch Anschaffungen und Investitionen der Wert des Betriebssachvermögens häufig steigt.

Die Versicherungsbeiträge zur Firmen- oder Gewerbeversicherung gelten als Betriebsausgaben und können damit steuerlich geltend gemacht werden.

Beim Abschluss einer Firmen- oder Gewerbeversicherung kann man niedrigere Beiträge durch lange Laufzeiten, Jahre ohne Betriebsschäden, Existenzgründerrabatte oder Rabatte für kleine Betriebe, die höchstens drei Mitarbeiter haben, aushandeln.

Laufzeiten und Kündigungsfristen

Die Laufzeit einer Gewerbe- oder Firmenversicherung beträgt in der Regel mindestens ein Jahr, man kann allerdings vertraglich vereinbarte, längere Laufzeiten mit einem Beitragsrabatt aushandeln.

Die Kündigungsfrist des Vertrags liegt bei drei Monaten vor Vertragsablauf.

Printed by Books on Demand GmbH, Norderstedt / Germany